지니어스북

나만의 천재성을 발휘하는 8단계 워크북

# 지니어스북

김일동 지음

**프롤로그**

# 우리 모두는 자기 분야의 천재다

'천재'라는 단어를 들으면 사람들은 어떤 생각을 할까? 표준국어대사전을 찾아보면 천재란 '선천적으로 타고난, 남보다 훨씬 뛰어난 재주 또는 그런 재능을 가진 사람'이라고 나와 있다.

우리 모두는 탁월한 재주 한두 가지 정도는 가지고 있다. 그런데 대다수는 천재가 나와 상관없는 사람들이라고 느낀다. 왜일까? 사전의 정의처럼 천재는 '선천적으로 타고난' 사람인데 내 재능이 타고났다고 말할 정도는 아니라고 생각해서인 것 같다.

그런데 이런 인식은 사실이 아니다. 나는 20여 년간 미술계에서 활동하면서 모든 사람은 천재성을 가지고 있다고 확신했다. 다만 어린 시절부터 학교와 직장 등에 적응하다 보니 모난 돌로

찍히지 않으려고 애쓰게 되었고, 그 과정에서 저마다 가지고 있던 천재성이 자연스레 무뎌졌을 뿐이라고 생각한다.

어떤 업계에서든 자신이 가진 천재성을 발휘하려면 반드시 필요한 것이 있는데, 바로 나만의 감정이다. 감정은 대단한 사람들만 가진 엄청난 무기도 아니고 스펙이나 경력처럼 돈과 시간을 써서 만들어야 하는 것도 아니다.

모든 사람에게는 가장 자기다운 모습이 있다는 말을 들어본 적 있을 것이다. 이 말을 좀 더 구체적으로 설명하면 이렇다. 같은 대상을 보더라도 사람마다 생각하고 느끼는 바가 모두 다르다. 그 대상에게서 느끼는 근본적인 감정이 다르기 때문이다. 그래서 어떤 사람의 감정은 그가 가진 고유한 창의성을 드러낼 수 있게 도와주는 결정적인 계기가 된다.

나의 미술작가 활동 경험을 토대로 좀 더 구체적으로 설명해 보자. 나는 길을 걷다가 우연히 올려다본 하늘의 구름 한 점을 보면서 작품 소재를 떠올린 적이 있고, 거스름돈으로 동전을 건네받는 순간 "발도 없는 동전이 스스로 여행을 하고 있구나!" 하는 아이디어가 떠올라, 동전을 모티프로 한 캐릭터를 창작해 세상의 랜드마크를 여행한다는 테마로 전시회를 열기도 했다. 이것이 코인맨 프로젝트의 시작이다.

누구든지 쉽고 즐겁게 미술을 감상하면 좋겠다는 감정이 늘

프롤로그

마음속에 있기 때문에, 내가 일상에서 느끼는 모든 감정은 예술 활동의 배경이 되어준다.

요리를 좋아한다면 똑같은 구름을 보고 부드러운 크림을 떠올릴 수도 있다. 내가 코인맨 프로젝트를 떠올릴 때 그 사람은 용돈이 부족한 청소년들이 부담 없이 먹을 수 있는 디저트를 상상할 수도 있다. 이미 시중에 출시된 몇백 원짜리 간식이 많다 해도 그가 고민 끝에 디저트를 개발한다면, 후자는 기존의 음식과 같다고 할 수 없다.

분야와 상관없이 천재라고 불리는 이들에게는 두 가지 공통점이 있다.

첫째, 자신의 고유한 감정을 폭발시키는 대상을 발견할 수 있었고 둘째, 그 감정을 구체화시켜 본인만의 결과물을 만들어내는 방법을 스스로 깨닫고 실천했다는 점이다.

이 말은, 위의 두 가지 방법을 이해하고 실천한다면 누구나 자신이 가진 창의성을 발휘할 수 있다는 뜻이다. 물론 이것이 말처럼 쉽지는 않을 것이다. 하지만 가만히 생각해보면 내가 코인맨 전시회를 열었던 과정과 요리를 좋아하는 사람이 가성비 좋은 디저트 메뉴를 개발하는 과정의 기본 원리는 완전히 일치한다는 것을 알 수 있다.

이 사실을 처음 알게 됐을 때 매우 흥미로웠다. 어린 시절부터 배웠던 역사 속 천재들의 사례는 물론이고, 오늘날 세계인의 극찬을 받는 아이디어, 상품, 서비스들 역시 그 안에는 모두 똑같은 원리가 작용한다는 사실이 보였기 때문이다.

만약 일상에서 자신도 모르게 자꾸 생각나고 관심 가는 대상이 있다면 우리의 감정이 본능적으로 그것에 반응하고 있다는 뜻이다. 누구도 예외가 아니다. 만약 이 감정의 영향을 받아 어떤 결과물을 완성시킨다면, 그것이 물건이든 서비스든 예술품이든 업무 성과든 그 사람만의 고유성이 담긴 창조적 산물이라고 할 수 있다.

혹시 이런 원리를 좀 더 깊이 있게 분석해서 누구나 쉽게 이해할 수 있도록 정리하면 어떨까? 자신이 어떤 천재성을 가졌는지도 모른 채 학교나 직장에서 억지로 시간을 보내는 사람들이 훨씬 재미있는 삶을 살지 않을까? 같은 일을 하더라도 더 큰 보람을 느끼지 않을까? 생각이 여기까지 미치자 곧바로 일반 시민들을 대상으로 강연과 실습을 해보았다. 그러자 놀랍게도 나이, 성별, 직업, 살아온 배경이 모두 다른데도 대다수 참가자가 상당한 효과를 느꼈다. 몇 가지 훈련을 통해 자신의 핵심 감정을 발견할 수 있다면 누구든지 놀라운 결과물을 만들어낼 수 있다는 확신도 얻었다.

어느 변호사는 저작권법을 잘 모르는 창작자들이 계약을 할 때 끊임없이 손해를 보는 것을 안타까워하다가, 그들에게 도움을 줄 때 큰 만족감을 느낀다는 사실을 명확하게 이해하고 창작자에게 특화된 법률 지침서를 집필한다는 아이디어를 구상했다. 한 청년은 K-POP 작곡가가 되겠다며 대학 진학까지 포기하고 현장 경험을 쌓았지만, 치열한 경쟁과 현실의 벽에 부딪혀 자존감까지 낮아지던 차였다. 그런데 실습 과정에서 처음 꿈을 가졌던 당시의 감정이 활성화되자 용기와 자신감은 물론 다양한 작곡 아이디어까지 얻을 수 있었다.

잘 다니던 대기업을 퇴사하고 사업을 시작했다가 크게 실패한 후 힘든 시간을 보내던 직장인도 있었다. 그는 떠올리기도 싫었던 지난 시간을 반추한 끝에 자신이 새로운 사람들을 만나고 인맥을 쌓을 때 감정이 가장 활성화된다는 것을 알고 나서 본인의 새로운 경쟁력을 기반으로 새출발을 했다.

보통 사람들의 사례 외에도 생각지도 못했던 분야로 사업 규모를 확장하거나 경쟁 업체와는 완벽하게 차별화된 서비스를 론칭해 큰 성공을 거둔 사업가까지, 핵심 감정을 발견하고 활성화한 이후로 제2, 제3의 성공을 거두는 사람들을 참 많이 만났다.

자신은 지극히 평범하다고 생각했던 사람들, 스스로 창의성과는 거리가 멀다고 믿었던 사람들이 나와 실습을 하면서 스스로도 놀랄 만큼 멋진 창작물을 만들어내고 행복해하는 모습을 지켜보는 시간이 무척이나 행복했다. 이 행복을 몇몇 사람하고만 나누기가 아깝다, 더 널리 알리고 싶다, 누구나 현실의 제약과 상관없이 진심으로 행복하고 의미 있는 삶을 살 수 있게 돕고 싶다는 생각을 할 때마다 나의 핵심 감정도 활성화되는 것을 느꼈고, 결국 이 책까지 쓰게 되었다.

그래서 이 책에서는 두 가지를 중점으로 삼았다. 첫째는 각자의 핵심 감정을 찾아내고 그 감정을 충족시키는 대상을 발견할 수 있게 돕는 것이다. 둘째는 그 대상을 통해 자신만의 유의미한 결과물을 완성할 수 있도록 돕는 과정을 소개하는 것이다. 다시 말해 천재들이 능력을 발휘할 수 있게 된 원리를 누구나 적용하는 것이다.

### 감정을 알면 창의성이 생기고
### 창의성이 생기면 천재성이 드러난다

나의 감정을 충족시키는 대상을 발견한다면 무엇을 하든 즐겁지 않을까? 나의 경우, 그림을 그릴 때마다 내면이 충만해지는 느낌을 어린 시절부터 강하게 받았다. 아무리 그려도 지겹지 않았으며, 내 그림이 별로라는 말을 들어도 아랑곳하지 않았고, 돈이 부족해 미술 재료를 구입할 수 없을 때도 크게 속상하지 않았다. 오히려 그림을 그리고 싶다는 열망이 점점 커져서 새로운 아이디어가 자꾸 떠올랐다.

화가가 된 지 얼마 지나지 않았을 때였다. 미술 재료와 작품을 보관할 작업실을 마련할 형편이 아니었지만 작업을 하고 싶다는 욕구가 가득해서, 어떻게 하면 이 문제를 모두 해결할 수 있을까 고민하다 내린 결론이 컴퓨터 그래픽 작품이었다. 물론 문제점은 있었다. 당시 미술계는 컴퓨터 작업을 좋게 평가하지 않았다. 미술계에서 명작이라 평가하는 작품은 작품 구석구석 화가의 숨결이 새겨진 붓 터치가 가득한 그림이었다. 캔버스로 출력한 그림은 콜렉터들이 선호하지 않는다는 것이 미술계의 상식이었다.

돈은 없지만 작업을 하고 싶다는 열망이 너무 강하다 보니, 어떻게 이 문제를 해결할까 하루 종일 집요하게 고민하던 날이었다. 문득 대학 시절, 동기들이 극도로 섬세한 붓 터치를 표현하느라 엄청나게 고생했던 기억이 떠올랐다. 시간과 정성이 너무 많이 필요한 작업이라 대부분은 만족할 만한 결과물을 내지 못해 좋은 평가를 받기 어려웠다.

그때 갑자기 아이디어가 떠올랐다. 붓을 못 쓴다면 붓으로는 도저히 표현할 수 없는 극도로 섬세한 기법을 컴퓨터 그래픽으로 보여주겠다는 것이었다. 그리고 아날로그의 끝판왕이라 할 수 있는 작가의 붓 터치를 표현하는 대신 누구나 알아볼 수 있는 흥미로운 이야기에 나의 철학을 담아 작품을 완성하기로 했다.

이러한 아이디어를 모아 작품을 완성해갈 즈음, 감사하게도 전시 기회를 얻었다. 여러 동료 작가들과 함께하는 전시였는데, 당시 나는 기성 작가들보다 인지도와 경력이 부족했지만 독보적으로 콜렉터의 선택을 받을 수 있었다. 게다가 나의 작품을 선택한 콜렉터가 원래는 컴퓨터 그래픽 스타일을 선호하지 않아서 지금까지는 수작업으로 완성한 작품만 구매했는데 나의 그림은 뭔가 달라 보인다고 말해주어 큰 감동을 받았다. 나는 물론이고 갤러리 대표, 전시회에 참가했던 다른 작가들에게도 예상치 못한 결과였다.

내가 컴퓨터 그래픽으로 작업을 해야겠다고 생각한 것 자체는 진정한 창의성이 아니다. 이건 하나의 아이디어에 불과하다. 어떻게든 작업을 하고 싶다는 나의 핵심 감정이 결정적 계기가 되어 돈과 작업실이 없다는 문제 상황을 해결하기 위해 고민했고, 그 과정에서 나의 '관점'이 새로운 방안을 모색하게 만들었다. 예전 기억이 새로운 발상을 떠오르게 했고 일련의 시간이 모여 창의성이 발현될 수 있었다.

이러한 과정을 거쳐 작품을 완성한 끝에, 오랫동안 관행처럼 굳어져 있던 미술계의 보수적인 분위기에 휘둘리지 않고 나만의 기준을 세울 수 있었다. 모두의 예상을 뒤엎고 나의 작품이 시장에 '먹힌' 가장 중요한 요인은 익숙하고 안전한 선택이 아닌 핵심 감정이 이끄는 선택에 충실한 결과라고 생각한다.

이후부터는 작품 활동을 하기가 한결 수월해졌다. 캔버스를 쌓아둘 넓은 작업실이 없어도 되었기 때문이다. 컴퓨터로 작품을 그린 다음 관계자들에게 선보이고, 필요한 만큼만 캔버스에 출력해서 전시와 판매를 하니 작업실 유지비와 재고 비용을 획기적으로 절감할 수 있었다.

나에게는 비용 절감도 상당히 의미 있는 수확이었지만, 나만의 스타일을 세상에 선보이게 되었다는 점이 더욱 의미 있었다. '김일동 작업 방식'을 구축할 수 있게 된 것은 내가 천재로 태어나서가 아니라 어떤 여건에서든 그림을 그리고 싶다는 열망 자체에 집중한 덕분이다. 이 방식으로 전시를 계속하다 보니 주변 사람들이 서서히 나의 작품에 흥미를 가지기 시작했고, 나의 작품에서 소위 천재성이 느껴진다며 극찬을 하는 경우도 종종 생겼다. 솔직히 내가 그 정도는 아니라고 생각하지만 이런 반응이 오는 원리는 어느 정도 이해할 수 있었다. 내 입장에서는 현실의 제약을 해결하기 위해 고민한 결과물이지만 타인의 관점에서는 뭔가 남다른 감각을 타고났기 때문일 거라고, 그렇다면 저 사람은 천재일 수도 있다고 생각하게 되는 것이다.

이 경험을 바탕으로 여러 기업, 교육기관, 지자체 등에서 일반인을 대상으로 창의력 특강을 여러 차례 진행할 기회를 얻었다. 이때 그림 그리기 실습을 하면서 또 한 가지를 확인할 수 있었다. 어떤 대상을 떠올리며 감정에 온전히 집중하는 경험을 하다 보면 어느 순간 영감이 떠오르면서 자신도 모르게 창의성이 샘솟는다는 점이다.

그림 그리는 원칙 같은 것은 없다. 그런데 매일 창작을 하는 예술가들의 작품보다 기발하고 참신한 결과물이 강의 때마다 가득했다. 평범한 시민들이 즉석에서 그려 발표하는 결과물인데도 고유성과 독창성만큼은 기성 작가들보다 나은 경우도 많았다. 같은 주제를 놓고도 저마다 느끼는 감정이 모두 다르고, 그 감정을 기반으로 그림을 그릴 때 채워지는 욕구도 제각각이어서 일어난 결과다.

그림을 그릴 때만 이런 경험을 하는 것이 아니다. 우리가 매일 보고 듣고 사용하는 것들도 전부 이러한 맥락에서 탄생했다. 명품 브랜드와 생필품, 서비스와 기호품, 누군가의 생각과 통찰이 담긴 문화 콘텐츠, 예술품, 과학자의 발명품, 기업의 신제품도 마찬가지다. 인간이 만들어낸 모든 쓸모 있는 것에는 그것이 세상에 등장하기까지 영향을 미친 최초의 감정이 존재한다.

미대에 가도 무엇을 그려야 할지는 아무도 알려주지 않는다. 공대에 가도 무엇을 개발하고 싶은지는 스스로 찾아야 한다. 경영학과에서도 어떤 기업을 창업하면 돈을 버는지 배울 수는 없다. 어떤 분야에서 어떤 방식으로 일하든, 나의 가치를 높이는 일은 원칙과 시스템이 아닌 나의 감정이 어디로 향하는지 느끼고 그것을 충족시키기 위해 노력할 때 가능하다.

누구에게나 하루 24시간이 공평하게 주어진다. 그저 하루를 때우듯 살아가는 사람과 몇 분이라도 자신의 가치를 확인하고 보람을 느끼는 사람의 하루가 똑같을 수는 없다. 만약 당신이 후자라면 이 책이 당신의 하루를 더욱 의미 있게 해줄 것이다. 전자라면 이제부터 다른 삶을 살게 될 것이라고 약속한다. 나만이 가진 고유한 감정을 잘 발견하고 드러내어 더욱 빛나는 삶을 살아가기를 진심으로 응원한다.

〈윤두서의 테마파크2〉, 김일동, 2013년

**차례**

프롤로그_ 우리 모두는 자기 분야의 천재다 • 4

## 1부
## 핵심 감정과 창의성은 어떻게 연결되는가

감정은 생각보다 힘이 세다 • 21
우리는 창의성을 오해하고 있다 • 31
천재는 감탄하는 사람이다 • 39
핵심 감정은 무엇이며 왜 중요할까 • 47
내 안의 핵심 감정을 발견하는 법 • 51
핵심 감정이 창조적 본능을 일깨운다는 것 • 62
살아온 시간 속에 저마다의 길이 있다 • 67
목표가 뚜렷하다는 건 자신의 핵심 감정을 안다는 것 • 84
가장 창조적인 나를 만나는 법 • 90

## 2부
## 핵심 감정을 활성화시키는 방법

감정이 활성화된다는 말의 의미 • 111
감정에는 정답이 없다 • 117
창의성을 해치는 두 가지, 사회성과 서열 • 122
예술을 가까이하면 누구나 아이가 된다 • 128

일상의 소소한 활동으로 감정을 포착하는 법 • 150
자신만의 엔딩 서사로 인생을 바꾼 사람들 • 163
영감이 끊이지 않는 사람들의 비결 • 176

# 3부
## 창의성을 발현하는 8단계 프로그램

8단계 프로그램을 제대로 활용하는 법 • 191
1단계 일상을 감정 위주로 기록하기 • 195
2단계 나만의 방식으로 재구성하기 • 200
3단계 감정의 근원을 이해하고 현실적인 목표 세우기 • 206
4단계 감정을 그림으로 표현해보기 • 213
5단계 그럴싸한 목표 대신 정말 달성하고 싶은 목표 정하기 • 218
6단계 핵심 감정을 구체적인 결과물로 완성하기 • 224
7단계 문제를 직면하기 • 236
8단계 나의 현실을 객관적으로 점검하기 • 242
나만의 감정 정원 가꾸기 • 249
지니어스 워크북을 먼저 활용한 사람들의 이야기 • 252
〈런~! 코인맨 시리즈〉가 탄생하기까지 • 258

에필로그_ 지금 우리에게 가장 필요한 경쟁력 • 262

# 1부

## 핵심 감정과 창의성은 어떻게 연결되는가

## 감정은 생각보다 힘이 세다

'이건 차마 못 지우겠네…….'

스마트폰 사진함을 정리하던 날, 꽤 오래전에 찍은 영상과 사진들을 보면서 잠시 생각에 잠겼다. 남들 눈에는 그저 평범한 일상 사진처럼 보이겠지만 나에게는 그 이상의 무언가가 새겨진 자료였다. 대부분은 작품 소재로 삼으려고 찍어둔 것들이었는데, 나에게는 그 사진 자체보다는 그것을 찍을 당시에 느꼈던 순간의 감정이 더욱 소중했다.

그런데 자료를 하나둘 넘겨보다가 문득 초등학생 시절 이사하던 날의 기억이 떠올랐다. 그때 어머니는 큰 박스 하나를 준비해 내가 유치원 때부터 그린 그림, 스케치북, 액자 등을 따로 보관하셨다. 그중에서도 유독 기억에 남는 그림이 있다. 눈이 펑펑 내리는 날 커다란 선물 꾸러미를 든 산타 할아버지가 스키장에 나타나, 리프트를 타고 이동하는 사람들 앞에 서 있는 모습이다. 어릴 때 그린 수많은 그림 중 왜 이것이 떠올랐을까? 울산 출신인 나는 여섯 살 무렵까지 한 번도 함박눈을 본 적이 없었다. 이 그림도 여름에 그렸다. 그때는 리프트가 무엇인지도 몰랐다. 짐작하자면 어느 날 텔레비전에서 우연히 리프트를 타고 올라가는 사람들을 보았고, 저 사람들은 하늘에 매달려 있어서 무척 재미있겠다는 생각을 했다가 그림을 그릴 때 그 기억과 감정을 떠올렸던 것이 아닌가 싶다.

아마 대다수의 부모는 내 어머니처럼 자녀가 어린 시절 그린 그림을 소중하게 간직할 것이다. 거기에 어린 자녀의 감정과 마음이 고스란히 담겨 있기 때문이다.

얼마 전, 어느 갤러리 대표와 대화를 나눌 때였다. 대표가 이 이야기를 듣더니 이런 말씀을 하셨다.

"김 작가가 나중에 많이 유명해지면 그 그림의 가치는 이루 말할 수 없겠군요."

이 말이 무슨 의미인지는 누구나 알 것이다. 그런데 다른 방향으로 생각해보면 이런 뜻이 될 수도 있지 않을까? 눈 내리는 날, 산타 할아버지가 등장하는 수준의 그림은 미술을 좋아하고 약간의 소질이 있는 아이라면 쉽게 그릴 수 있다. 물론 스케치 방법, 색감, 붓 터치 등은 다르겠지만 이 정도 아이디어는 특별하다고 느끼기 어려울 것이다. 그래서 갤러리 대표가 나에게 해주신 말씀의 의미를 거꾸로 생각하며 스스로에게 질문을 해보았다. 많은 사람이 내 작품을 특별하게 느끼려면 무엇이 필요할까?

그때 떠올린 단어는 '공감'이다. 스마트폰에 저장해두었던 사진과 영상들은 오직 나에게만 소중한 것이다. 다른 사람들은 아무도 거기에 담긴 감정과 가치에 공감하지 않는다. 그런데 유치원생인 아이가 그린 그림은 부모에게 큰 가치를 지니기 때문에 매우 소중한 보물이 되는 것이다.

같은 맥락으로, 내 그림에 담은 가치를 보다 많은 사람이 공감한다면 나의 작품은 갤러리 대표의 말씀처럼 더욱 특별한 예술품이 될 수 있다. 이러한 일을 실현시키고 싶다면 나의 작품에 담은 나만의 감정에 많은 사람이 공감하게 만들어야 한다. 이를 위해 필요한 것이 대중과의 소통, 관객과의 교감이라는 점은 두말할 필요가 없다.

## 감정, 나를 나답게 만들어주는
## 가장 강렬한 정체성

　모든 미술 작가는 자신만의 방식으로 작품을 발표한다. 수많은 작품 사이에서 경쟁력을 갖추는 기준은 겉으로 드러나는 형상, 기법, 발표 시점의 트렌드가 될 수도 있겠지만, 보다 본질적인 요인을 꼽자면 단연코 해당 작품에 담긴 작가만의 고유한 감정이라고 할 수 있다. 같은 인물을 그려도 작가가 어떤 감정을 가지고 있느냐에 따라 자세와 표정은 물론 색감, 재료, 구도, 배경이 달라질 것이다. 결국 같은 대상을 그려도 작가마다 저마다의 작품을 탄생시키는 결정적 요인은 평생 살아오면서 느낀 감정이 모두 다르기 때문이다.

　기업이 신제품을 출시한다고 가정해보자. 이 상품의 가치는 그 물건을 필요로 하는 사람들의 숫자만큼 커진다. 만약 이 물건이 품질까지 좋다면 경쟁력이 더 높아져서 더욱 많은 사람들이 구입할 것이다. 반면 사람의 감정은 공산품이 아니어서 실체가 없다. 그래도 우리는 무수한 경험을 통해 인간에게는 감정이 존재한다는 사실을 알고 있고, 매일 감정의 가치와 영향력을 느끼고 있다.

각종 브랜드와 생활용품부터 문화 콘텐츠, 각 분야 전문가들의 행보, 개인적인 취미 생활, 나름의 상징성이 담긴 세계 곳곳의 랜드마크에 이르기까지, 우리가 하루에도 몇 번씩 접하는 수많은 사물에는 분명 물리적인 쓸모 이상의 가치가 담겨 있다. 고가의 예술 작품이든 전 국민이 애용하는 서비스든, 그것을 탄생시킨 당사자의 감정에서 비롯되었기 때문이다. 우리가 어떤 물건이나 서비스를 이용할 때는 알게 모르게 그 창작자의 감정에 공감하게 된다. 그래서 그것을 소유하고 싶고 그곳에 가고 싶어진다. 나의 감정을 이해하고 공감해주는 사람을 자꾸 만나고 싶은 이유도 마찬가지다.

우리 모두는 감정을 가진 존재다. 그런데 똑같은 기쁨, 재미, 행복을 느낀다고 해도 내가 느끼는 감정은 저 사람이 느끼는 것과는 다르다는 사실을 기억해야 한다. 그래서 감정의 특성을 잘 이해하면 누구나 자신만의 가치를 담은 특별한 결과물을 만들어낼 수 있다. 이 사실을 잘 이해하고 지금부터 자신의 감정을 정확하게 찾아내어 일상에서 활용한다면, 비교와 경쟁에서 벗어나 가장 나다운 모습으로 세상에 도전하고 성취할 수 있다. 나의 감정을 오롯이 반영한 나만의 결과물로 진정한 승부를 볼 때, 그것이 이 세상에 어떤 영향을 미칠지 몸소 경험할 수 있을 것이다.

## 창의성, 주입하는 것이 아닌 끄집어내는 것

우리는 평생 문제집을 풀고 공식을 외우며 정답을 맞히는 방식으로 살아왔다. 시험에 합격하기 위해, 나를 어필하기 위해, 나의 능력이 좀 더 좋은 평가를 받기 위해서 나의 감정과 느낌보다는 상대방이, 기업이, 사회가 선호하는 기준에 자신을 끼워 맞추며 살아왔다.

하지만 가만히 생각해보자. 이 과정을 통해 얻은 것이 무엇인가? 진짜 나를 찾을 수 있었는가? 나의 취향과 생각과 가치관을 발휘하면서 나다운 결과물을 내놓을 수 있었는가? 우리가 알고 있는 건 달달 외워서 머릿속에 저장한 지식이지, 각자가 진정 좋아하고 잘하는 저마다의 고유한 재능과 개성과 특성이 아니다. 진정한 나 자신을 만나려면 어떤 대상을 보고 나의 감정이 움직이는 바로 그 순간이 언제인지 알아야 한다. 그때만이 진정한 나를 대면할 수 있기 때문이다.

어떤 상황에서 기쁘고, 즐겁고, 설레고, 슬프고, 분노한다는 것은 그 순간 나의 감각이 온전하게 깨어난다는 뜻이다. 그래서 그때의 생각, 자신도 모르게 나오는 말과 행동 등은 바로 나의 고유한 창의성이 된다. 그런데 대다수 사람들은 이 사실을 잘 알지 못한다. 왜냐하면 어떤 감정을 느낄 때 특정한 행동을 한다는 것은 너무 당연한 결과이자 '원래 그런 것'이라고 생각하기 때문이다.

상대방에게 좋은 이미지로 각인되어 연애에 성공하고 싶고, 유명 식당 레시피에 나의 아이디어를 추가해 지인들의 인정을 받고 싶고, 그래서 어떻게 하면 그 일을 성공시킬지 이런저런 고민을 하게 되는 건 모든 사람의 공통점이다. 집안일이나 회사 일을 할 때도 나만의 방식을 궁리한다. 이처럼 직접 뭔가를 완성하기 위해 고민하는 행동 그 자체가 창조의 과정이며, 이때 우리는 특정한 감정을 느낀다. 바로 그 순간 우리 안에서 창의성이 발현된다.

이런 경우는 일상에서 워낙 흔하게 경험하는 것들이라 딱히 와닿지 않을 수도 있다. 그런데 평범한 일상에 비유하는 이유는 대체 창의성이라는 것을 어떻게 내 안에서 *끄집어낼* 것인가 하는 점을 설명하기 위해서다. 만약 여기서 소개한 예시보다 훨씬 중요하고 결정적인 기회가 우리 인생에 찾아온다고 해도, 결국은 같은 원리로 그 기회를 잡아 나의 욕구를 충족하려 할 것이다. 결국 창의성의 발현이란 그 결과가 얼마나 평범한가 비범한가의 차이일 뿐, 우리는 하루에도 몇 번씩 자신만의 창의성을 드러내고 있는 셈이다.

직장인이든 자영업자든 프리랜서든 사업가든 학생이든, 어디서 무슨 일을 하며 어떤 모습으로 살아가든 우리는 자신이 속한 분야에서 각자의 창의성을 발휘하고 있다. 그리고 이 능력으로 시간이 갈수록 더욱 중요한 역할을 하며 필요성도 더 많이 요구되고 있다. 미래가 불확실해질수록 인간관계도, 사업도, 공부도, 진로도 난관에 부딪힐 확률이 높아지고, 그 문제를 잘 해결하고 더 나은 방법을 고민하며 앞으로 나아가게 만드는 힘이 창의성에서 나오기 때문이다.

실제로 창의성을 극대화시키는 데 도움을 준다는 다양한 이론과 방법론이 많이 연구되고 있다. 하지만 구체적인 방법을 익히기 전에 먼저 나의 고유한 창의성을 발견하고 드러내는 방법을 이해하는 것이 우선되어야 한다. 그러기 위해서는 감정이 가진 속성을 정확하게 이해해야 한다. 내가 특정 대상을 어떤 관점과 마음으로 바라보는지 아는 것이 그 시작이다. 지금부터 하나씩 살펴보자.

## 그냥 감정과 핵심 감정은 무엇이 다른가

어제 하루 내가 경험한 일들을 떠올려보자. 평범했든 그렇지 않앉든 간에 하루에도 다양한 감정을 느꼈을 것이다. 출근 전 옷을 고를 때, 점심 메뉴를 결정할 때, 버스 정류장에서 포스터를 보았을 때, 지나가는 강아지를 보았을 때 느끼는 감정은 모두 다르다.

만약 그 경험이 나에게 별다른 느낌을 주지 않았다면 거기에는 크게 신경 쓰지 않아도 된다. 그런데 핵심 감정은 다르다. 핵심 감정은 우리가 어떤 목적을 위해 '직접 행동'하게 만드는 결정적 계기를 제공하기 때문이다.

화장품 CF 속 여자 연예인이 너무 예뻐서 그 제품을 구입하거나 친구의 강아지를 보고 유기견 입양 절차를 검색해보았다면, 이것은 핵심 감정이라고 할 수 있다. 그런데 이때 느끼는 핵심 감정은 내가 원하는 최종 목적지에 도달했을 때의 핵심 감정과 다를 수 있다. 화장품을 살 때는 기분이 좋았는데 그 제품을 바른 날 평소 호감 있던 이성에게 어디 아프냐는 말을 듣고 화가 났다면, 나의 핵심 감정은 '예뻐지고 싶다'가 아니라 '그 사람에게 잘 보이고 싶다'인 것이다.

그래서 나의 핵심 감정을 분명하게 파악하는 연습을 하다 보면 자신도 모르게 스스로에게 감탄할 수도, 놀랄 수도, 실망할 수도 있다. 인생에서 근본적으로 추구하는 핵심 감정에 다가갈수록 미처 몰랐던 자신의 내면을 들여다볼 수 있기 때문이다. 열정이든 집념이든 노력이든 게으름이든 회피든, 나도 모르게 자꾸 반복하는 모든 행동과 생각의 근본에는 각자가 최종적으로 지향하는 핵심 감정이 투영되어 있다고 볼 수 있다.

물론 이 과정을 매번 너무 깊게 생각하면 만사가 더 복잡해진다. 생각에는 끝이 없고 우리는 매일 바쁘며 시간은 너무 빨리 흐르기 때문이다. 그래서 나의 핵심 감정을 찾고자 할 때는 당장 답을 얻으려 하기보다, 이런 개념이 있다는 정도만 이해하고 있으면 된다. 가장 먼저 중요하게 파악할 것은 내가 특정 행동을 반복하게 만드는 몇 가지 핵심 감정이다. 이것을 원동력으로 잘 활용하면 차후에 창의성을 발현하게 만드는 결정적 수단이 될 수 있다.

목적지까지 가기 위해 높은 산을 넘어야 한다면, 나의 체력과 시간과 비용이 어느 정도인지 먼저 가늠해보아야 한다. 감정도 마찬가지다. 내가 추구하는 여러 목표를 달성하기 위해서는 그 목표를 달성하고 싶게 만드는 핵심 감정의 종류와 강도를 알아야 한다. 핵심 감정이 충만하다면 바로 실천해도 되지만 부족하다면 힘을 키워야 한다. 몸의 근력으로 일상을 이어가듯 핵심 감정에 내포된 힘으로 다양한 아이디어와 창의성이 발현된다. 이 책을 통해 핵심 감정의 근본 원리와 작동법을 이해하고 그 힘을 키울 수 있을지 함께 살펴보자.

# 우리는 창의성을
# 오해하고 있다

"자, 이제부터 그림을 함께 그려볼게요."

강연이나 특강을 진행할 때 이렇게 말하면 참가자 대다수는 얼어붙은 표정을 지으며 나와 눈을 마주치지 않으려 한다. 익숙한 반응이다. 그림 그리는 것을 좋아하는 몇 사람을 제외하면, 일반적으로는 미술 시간을 그리 좋아하지 않는다. 그런데 성인이 되고 '그림 그리기'라는 개념을 완전히 잊고 살다가 느닷없이 그림을 그리라고 하니 부담스러운 것이 당연할 것이다.

"먼저 그릴 주제는 커피입니다."

첫 번째 주제를 제시할 때는 항상 한마디만 덧붙인다. 그림 실력은 아무 상관없으니 부담 없이 그릴 수 있는 선에서 편하게 그리면 된다는 말이다.

  커피를 그려달라고 하면 대다수 참가자는 흔히 볼 수 있는 프랜차이즈 매장의 테이크아웃 커피나 찻잔에 담긴 커피를 그린다. 커피믹스를 그리는 사람도 가끔 있다. 아무도 생각하지 못했던 자신만의 독특한 관점을 반영한 그림이 가끔 눈에 띄기도 하지만, 99퍼센트는 누가 봐도 단번에 커피라고 인지할 수 있는 일반적인 그림을 그린다. 어찌 보면 지극히 자연스러운 현상이다. 우리 대부분은 미디어의 영향으로 또는 사회 구조상 '커피'라고 하면 한두 가지 모습을 일관되게 떠올리기 때문이다.

**대다수 사람들이 그린 커피 그림**

이 커피 그림을 어떤 가게의 유리문에 붙여두면 아무 설명을 하지 않아도 지나가는 사람들은 이 가게에서 커피를 판매한다고 짐작할 것이다. 누가 봐도 커피라고 생각할 수 있는 모양대로 그렸기 때문이다. 그런데 이런 그림에는 그린 사람의 개성이나 창의성은 드러나지 않는다.

"이번에는 행복한 커피를 그려주세요."

두 번째 주제를 이렇게 제안하면 참가자들이 더 머뭇거린다. 커피는 어떻게 그려야 할지 정답이 정해져 있다시피 해서 그림 그리기의 부담감을 느끼지만 두 번째 주제는 그렇지 않기 때문이다. 그래서 이 주제를 제시할 때는 항상 부연 설명을 덧붙이곤 한다.

"이 그림에서 가장 중요한 건 자신의 감정에 얼마나 충실할 수 있는지 여부입니다. 정답이 없으니 각자 자신의 생각을 '있는 그대로' 그려주시면 됩니다."

그러면 참가자들은 저마다 생각에 잠겼다가 그림 그리기에 집중한다. 아까 그린 커피 그림 덕분에 두 번째 그림은 좀 더 편안한 마음으로 그리는 경우도 많다. 몇 분 뒤 저마다 완성한 그림을 하나둘씩 선보일 때, 바로 이 순간이 내가 가장 기대하는 시간이다.

강연을 할 때마다 이 작업을 하고 있지만, 나는 매번 참가자들이 선보이는 각양각색의 행복한 커피를 보며 감동을 받는다. 저마다 느꼈던 행복한 감정이 그림마다 가득 묻어나서이다. 수천 명을 대상으로 '행복한 커피 그리기'를 진행했지만 아직 단 한 번도 똑같은 그림을 본 적이 없다. 아이디어는 비슷할지 몰라도 그림에 담긴 사연까지 일치하지는 않는다.

현장에서 20년 가까이 전시 활동을 하며 다른 작가들의 그림을 무수히 감상했던 내 입장에서 이런 점은 매번 커다란 놀라움으로 다가온다. 참가자들의 그림을 예술가들의 것과 비교하면 기술적인 면은 당연히 부족하지만 예술품의 본질적 가치인 창의성만큼은 전혀 손색이 없다. 사실 창조적 기질이라는 건 누구나 가지고 있는 본능이기도 한데, 굳이 작가니 화가니 예술가니 하는 직업 여부로 구분하고 평가하는 게 과연 의미가 있을까 하는 생각도 가끔은 한다.

지금까지도 기억에 남아 있는 참가자의 그림 몇 점이 있다. 하나는 물방울이 가득 맺힌 커피잔을 표현한 그림이었다. 이 그림을 그린 학생에게 설명을 요청하니 땀을 뻘뻘 흘리는 커피라고 답했다. 그 학생은 대학 입시를 준비하던 시절 밤을 새우며 공부할 때 마셨던 커피를 그렸는데, 치열한 노력 끝에 원하는 대학에 합격해 자기 자신이 대견한 마음도 있지만 그보다 더 의미

있는 것은 지금 함께 공부하고 있는 친구들을 만난 것이고, 그래서 지금 이 시간이 자신의 인생에서 가장 행복하다고 답했다. 이 이야기를 듣던 다른 학생들도 큰 감동을 받았는지 발표자에게 힘찬 박수를 보냈다. 발표자가 떠올린 '나만의 행복한 커피'에 담긴 감정이 다른 참가자들에게 오롯이 전달되는 순간이었다.

울창한 커피나무 숲을 그린 남성 직장인도 있었다. 언뜻 보기에는 평범해 보였는데, 그 그림을 설명하는 동안 현장에 있던 모든 사람의 마음에 공감의 불꽃이 피어오르는 것을 느낄 수 있었다. 그 남성은 커피 입장에서는 원두로 가공되어 세상에 나오기 전, 콩 상태로 자연에 존재할 때가 가장 행복하지 않을까 하는 생각이 들었다고 발표했다. 우리도 사회에 진출하고 나서는 자신의 임무를 다하기 위해 온갖 스트레스를 겪어내듯, 커피콩도 마찬가지라고 생각한 것이었다.

관공서에서 근무하는 여성 공무원의 그림도 지금까지 강하게 뇌리에 남아 있다. 그분은 커피잔을 위에서 내려다본 각도로 그렸는데 커피잔 안에 별, 네모, 낙엽 등 다양한 도형이 담겨 있었다. 그분은 남들보다 조금 일찍 출근해 여유롭게 모닝커피를 마시며 과거 추억들을 떠올린다고 했다. 별은 자신이 가장 빛났던 시절이며, 네모는 지금껏 달성한 소소한 성과들, 낙엽은 이제는 추억이 된 시간이라고 이야기를 이어나갔다. 그러면서 자신이 가진 여러 가지 모습을 통해 어제를 기억하고 오늘 하루를 어떻게 보낼지 생각하는 것이 자신이 누리는 소소한 행복이라고 발표를 마쳤다.

개인적으로 가장 강렬한 기억으로 남은 그림은 쓰레기통으로 점프하는 커피였다. 이 그림을 그린 분은 산업 현장에서 활용할 다양한 아이템을 개발하고 관련 프로젝트들을 관리하는 공대 교수였다. 이분은 자신의 분야에서 매우 유명하고 왕성하게 활동하시는데 왜 스스로를 쓰레기 취급하는 듯한 커피를 그리셨는지 매우 궁금했다.

그런데 이분은 세상에 꼭 필요한 존재로 태어나서 최선을 다해 도움을 주고, 주어진 소명을 다한 후 미련 없이 떠나는 것이 야말로 자신이 생각하는 행복한 삶이며, 따라서 커피를 버리는 순간으로 이런 생각을 표현했다고 발표하셨다. 발표하는 내내 이 교수가 보여준 미소 띤 표정과 말투에서 이분만의 개성 넘치는 성격이 느껴지는 듯했다.

나는 현장에서 이처럼 자신만의 흥미로운 사연과 생각을 멋지게 표현하는 분들을 수없이 만난다. 일일이 소개할 수는 없지만 위에서 언급한 그림 외에도 절로 감탄과 찬사가 나오는 그림은 정말 많다. 내 강연장에 오는 분들이 모두 미대 출신이거나 한때 예술가 지망생이어서 이렇게 독특하고 창의력 넘치는 그림을 그리는 것이 절대 아니다.

예술가들이 작품을 발표하는 과정도 이분들과 똑같다. 자신이 느끼는 다양하고 풍부한 감정을 그림이든 조각 미디어든 사진이든 영상이든 글이든 본인의 방식으로 표현함으로써 남들과 차별되는 고유한 가치를 드러내는 사람이라면, 누구나 예술가라고 할 수 있다.

사실 강연장에서 행복한 커피 그리기를 처음 시도할 때만 해도 큰 기대를 하지 않았다. 어차피 강연 참가자들이 미술 전공자도 아니고 내가 강연에 엄청난 지식을 전달하는 것도 아니니, 그냥 일반인을 위한 가벼운 미술 체험, 힐링 프로그램 정도로만 생각했다. 그런데 시간이 지나고 흥미로운 그림을 많이 접할수록 이러한 생각이 얼마나 잘못된 것이었는지, 내가 창의성이라는 영역에 얼마나 무지했는지 알 수 있었다.

다시 한번 강조하지만, 자신만의 창의력을 발휘하는 능력은 특정한 학문을 배웠거나 예술계에서 활동하는 사람들만 가진 것이 아니다. 모든 사람에게 내재되어 있는, 본능이나 다름없는 재능이다. 그리고 이것을 발휘하는 가장 근본적인 방법은 자신의 감정을 아는 것에서 시작된다. 우리가 지금까지 잘못 알고 있던 창의성에 대한 진실과 거짓부터 모두가 자기 인생의 예술가가 되어 천재성을 발휘하며 나답게 살아가는 방법까지, 지금부터 안내하겠다.

# 천재는
# 감탄하는 사람이다

샤갈, 달리, 피카소 같은 세계적인 아티스트들에게는 늘 '천재'라는 수식어가 붙는다. 이들은 보통 사람들과 다른, 어딘지 모르게 특별하고 남다른 창의성을 타고났으며, 그래서 이들의 작품이 전 세계인을 사로잡았다고 인식하는 것이다. 이러한 생각이 일부 사실일 수도 있지만, 저들을 천재라고 부르기에 앞서 말하고 싶은 것이 있다. 앞에서 소개한 나만의 '행복한 커피'와 세계적 거장들의 작품을 비교했을 때 창의성이라는 본질만 놓고 본다면 누구의 아이디어가 더 뛰어난지 그 수준을 평가할 수 없다는 점이다.

샤갈의 대표작으로 잘 알려진 〈산책〉에서 그는 사랑하는 여인 벨라와 손을 잡은 채 그녀가 하늘로 둥둥 떠오르는 모습을 그렸다. 이런 일은 현실에서는 절대로 일어날 수 없다. 샤갈이 표현한 것은 사랑하는 벨라를 향한 자신의 열렬한 감정이었다. 만약 이 작품에서 샤갈이라는 이름표를 떼고 앞에서 소개한 땀 흘

〈산책〉, 마르크 샤갈, 1918년

리는 커피와 비교한다면, 두 작품 중 어떤 작품이 더 창의적이고, 예술적 상상력이 탁월한지 쉽게 평가할 수 없을 것이다.

피카소의 그림에서도 이러한 사실을 확인할 수 있다. 그의 작품 중에는 '입체파Cubism'라고 구분되는 시리즈가 있다. 이 시리즈가 묘사하는 사람의 모습은 우리에게 익숙한 한 방향에서 바라보는 형상이 아닌, 여러 방향에서 바라보는 모습을 겹쳐서 그린 것이다. 처음 보면 기괴하다고 느낄 수 있지만 피카소는 다른 해석을 한 것이다. 인간의 눈으로는 사물을 한쪽 방향에서만 볼

〈여인과 개〉, 파블로 피카소, 1953년

수 있기 때문에 그 각도에 익숙해져 있지만, 사실 사물의 본질은 바라보는 각도와 상관없이 모든 방향에서 존재한다는 것이다.

　피카소가 보통 사람은 생각할 수 없고 바라볼 수 없는 것을 묘사했듯, 행복한 커피에 담긴 저마다의 추억도 다른 사람에게는 보이지 않는다. 오직 그 커피를 그린 사람만이 표현할 수 있는 창의적 발상이다. 원두로 가공되기 전의 커피나무도, 쓰레기통으로 직행하는 커피도 마찬가지다.

　감정은 그 자체로 매우 소중하고 특별하기에 누구의 것이 더 우월한지 비교하거나 계산하는 대상이 될 수 없다. 따라서 감정을 계기로 발현되는 여러 창의성의 결과물 역시 어느 것이 더 낫다고 평가할 수 없다. 다만 세계적인 아티스트들은 그 자리에 오르기까지 선보였던 기존 작품들을 통해 성공 가능성, 예술가로서의 자질, 전시 가능한 작품 형식 등을 높게 평가받았기에 더 많은 기회를 쉽게 얻는 것이다.

　나는 '천재'라는 단어가 사전에서는 명사로 분류되지만 그 쓰임새는 사실 감탄사에 가깝다고 생각한다. 천재를 어떤 사람 또는 어떤 자질이라고 정의함에 있어 객관적으로 평가할 수 있는 명확한 수치는 없으며, 오직 그 결과물을 접하는 사람의 감정이 판단할 뿐이다. 샤갈의 작품을 감상하면서 연인을 향한 사랑을 어떻게 저런 아이디어와 색감으로 표현했는지 감탄하듯, 땀을 흘리는 커피를 감상하면서도 같은 감탄을 할 수 있다.

따라서 자신도 모르게 감탄할 정도로 마음을 움직이는 무언가를 발견했다면, 그 무언가가 예술품이든 생활용품이든 업무 방식이든 그것을 창조해낸 사람은 자신만의 창의성을 지닌 것이고, 따라서 그를 그 분야의 천재라고 부를 수 있다.

창작자와 감상자는 서로 다른 존재이고 서로 다른 감정을 가지고 있다. 그래서 누군가의 결과물을 보고 감탄하는 현상은 한편으로는 지극히 자연스러우면서도 동시에 너무나 경이로운 경험이 된다. 저마다 기쁨, 슬픔, 가슴 벅참, 재미, 설렘, 감동, 쓸쓸함을 느끼는 지점이 모두 다른데, 타인의 감정을 움직이고 더 나아가 감탄을 자아내게 한다는 것이 어떻게 엄청난 일이 아닐 수 있겠는가. 그러니 세계적인 예술가의 수백억 원짜리 작품이든 일반인이 상상력을 발휘해서 만든 작품이든 모두 당사자의 고유한 감정에서 비롯된, 그 무엇과도 대체할 수 없는 유일한 창조물이라는 점에서는 다를 바가 없다. 그 작품을 감상하는 사람이 자신도 모르게 감탄하게 된다면 창작자가 평범한 사람이든 세계적으로 유명한 예술가이든 모두 천재라고 불릴 자격이 충분하다.

## 창의성 발현을 위한
## 두 가지 조건

그렇다고 해도 평범한 사람들의 아이디어나 창의성을 세계적 예술가의 창작물과 비교하는 것은 말이 안 된다는 인식이 지배적이다. 세계인의 사랑을 받는 엄청난 걸작이 탄생하는 과정에는 그저 괜찮은 수준의 작품과는 확연히 다른 차이점이 존재하기 때문이다. 세계적 걸작이 탄생하기 위해서는 두 가지 조건이 성립되어야 한다. 구체적으로 설명하자면 아래의 두 가지가 필요하다.

1. 자신의 감정을 충분히 충족시키는 '대상의 발견'
2. 그 대상에게 느낀 감정을 '구체적인 결과물'로 완성하는 법

샤갈의 경우, 사랑하는 연인이 생겼을 때 자신의 감정이 온전히 충족되는 경험을 한다. 이때의 감정을 자신만의 색채와 스토리로 표현해 〈산책〉으로 완성시켰다. 피카소 역시 여러 사물을 관찰할 때마다 느끼는 호기심을 통해 자신의 감정을 충족시킬 수 있었다. 이런 시간과 경험이 쌓여 자신만의 기법으로 작품을 완성한다.

그러나 행복한 커피를 그렸던 강연 참가자들은 평소 이 두 가지 조건을 스스로 이끌어내지 못했다. 자신의 감정을 온전히 충족시키는 대상을 발견하는 행위는 내가 제시한 '행복한 커피'라는 주제어를 통해 가능했다. 우연한 기회로 평소 스스로도 몰랐던 자신의 감정을 온전히 충족시키는 대상을 발견했고, 간단한 그림으로나마 그 감정을 구체적으로 표현하는 시도를 하게 된 것이다.

여기서 흥미로운 점은, 앞의 두 가지 조건을 강연장에서 만난 강사를 통해 일시적으로 충족시켰을 뿐인데 참가자들이 창의적인 결과물을 엄청나게 만들어낼 수 있었다는 점이다. 만약 이 사람들이 자신의 감정을 온전히 충족시키는 대상을 어디선가 스스로 발견했고, 그 결과물을 훨씬 구체화시켰다면 '아이디어가 돋보이는 행복한 커피' 수준을 뛰어넘는 훨씬 다양하고 놀라운 결과물들을 완성했을 것이다.

나는 일련의 경험을 통해, 자신만의 창의성을 발현시키는 것은 예술가나 특정한 직업을 가진 일부 사람들의 전유물이 아니라는 점을 확신했다. 위의 두 가지 조건을 충족시키는 방법을 알고 일상에서 결과물을 만들어내는 과정은 누구나 할 수 있는 일이다. 무엇을 전공했든 어떤 직업을 가졌든 취미가 무엇이든 상관없다. 각자의 상황과 감정과 일치한다면 마치 본능처럼 가려져 있던 창의성은 저절로 샘솟게 되어 있다.

　이 책에서 계속해서 강조하겠지만 우리의 감정을 건드리고 충족시켜주는 대상을 찾고, 거기서 느낀 감정을 나만의 결과물로 구체화하는 방법을 이해한다면 누구나 창의성을 발휘하면서 다채로운 삶을 살아갈 수 있다. 나는 예술가적 자질이 없다거나 창의성과는 거리가 먼 부류라는 식으로 자신의 가능성을 외면하지 말자. 누구나 자기 인생의 예술가가 되어 재미있고 의미 있는 삶을 살아갈 수 있다.

# 핵심 감정은 무엇이며
# 왜 중요할까

'이걸로 과연 제대로 된 요리를 할 수 있을까?'

여러 식재료를 정갈하게 포장한 밀키트를 처음 봤을 때 이런 생각이 들었다. 혼자 사는 입장에서 배달음식은 질리고 그렇다고 편의점의 즉석식품으로 한 끼를 해결하기에는 뭔가가 부족할 것 같던 차에, 마침 집 근처에 밀키트를 판매하는 무인가게가 생겼다.

그런데 매장에서 이것저것 구경하다 보니 이걸 구입해봤자 결국은 내가 또 조리를 해야 한다는 생각에 귀찮아져서 바로 옆 건물 식당으로 발길을 돌렸다. 그런데 밥을 먹던 중 갑자기 어머니가 차려준 밥상이 생각났다.

식당 음식도 어머니의 밥상도 밥과 국, 몇 가지 반찬이 놓인 평범한 차림이었다. 그런데 이상하게도 이날따라 어머니가 차려주시던 밥상이 유난히 생각났다. 왜 이런 감정이 들었을까. 너무나 당연하게도 어머니가 밥을 차리는 것과 식당 주인이 밥을 차리는 목적은 완전히 다르기 때문이다. 어머니는 나를 사랑하는 마음으로 건강한 밥상을 차리는 것을 중요하게 여기셨다면, 식당 주인은 음식을 팔아 이익을 내는 것을 중요하게 여긴다. 한마디로 요리를 하는 핵심 감정이 다르다. 그러니 음식의 질과 수고로움도 달라지게 마련이다. 그래서 우리는 어머니의 밥상과 식당 밥상의 차이점을 직관적으로 느낄 수 있다.

과연 어머니는 자신의 핵심 감정이 아들을 향한 사랑이라는 것을 알고 있었을까? 너무 당연한 것이어서 굳이 설명할 필요가 없을 것이다. 어머니는 창의성을 요구하는 직업을 가진 분도, 예술가도 아닌 평범한 주부다. 그런데 아들을 키우면서 모성애를 느끼자 매일 매 순간 아들과 관련된 모든 일에서 자신도 모르게 창의성이 드러났을 것이다.

내가 아주 어렸을 때는 유난히 밥 먹는 것을 싫어했다고 한다. 그래서 어머니는 장을 볼 때마다 어떻게 하면 모든 영양소를 골고루 먹일 수 있을까를 고민하셨는데, 이 고민을 젖병에 이유식을 담아 물고 다니게 하는 방식으로 자연스럽게 해결하셨다고 한다. 성장해서는 비염으로 고생하는 아들을 위해 산에서 도꼬마리, 목련, 민들레 등을 채취해 직접 만든 레시피로 건강 차까지 만드셨다. 요즘은 유튜브에 온갖 레시피가 넘쳐나지만 그때는 인터넷은커녕 휴대폰도 생소했던 시절이었다. 강연 참가자들이 자신만의 행복한 커피를 그림으로 표현했듯 어머니는 아들에게 느끼는 감정을 스스로 구체화해 음식을 만들었던 것이다.

사실 이날 어머니의 음식이 유독 강하게 생각났던 결정적인 이유는 밀키트 때문이었다. 학창 시절 캠핑을 갈 때면 어머니는 요리를 못 하는 내가 물만 부어 바로 찌개를 끓일 수 있게 양념장과 손질한 재료들을 일일이 소분하고 비닐 팩마다 번호를 써주었는데, 이것이 요즘 등장하는 밀키트와 거의 똑같았던 것이다. 인터넷도 휴대폰도 없던 시절이었지만 어머니의 감정에서 비롯된 창의성이 밀키트와 전문 이유식 못지않은 무궁무진한 레시피를 만들어낸 셈이다.

얼마 전 인문학자 강창래 교수의 인터뷰를 보았다. 그는 아내가 갑자기 불치병에 걸려 시한부 판정을 받자 아내 곁을 지키면서 직접 요리를 했다. 원래는 라면도 잘 끓이지 못할 정도로 요리에 소질이 없었는데 아픈 배우자를 간병하다 보니 아내에게 도움이 될 만한 메뉴와 조리법을 계속해서 시도했고, 마침내 자신만의 노하우가 담긴 건강식을 만들어 치료제 역할까지 하게 되었다. 강창래 교수의 사례 역시 핵심 감정을 아는 것이 창의성을 드러내는 데 얼마나 중요한 계기가 될 수 있는지를 잘 보여준다.

아이디어를 포착하고 창의성을 발현하기 위해 여러 방법을 시도하거나 찰나에 반짝이는 아이디어를 수집하는 것도 도움이 되겠지만 그보다 더욱 중요한 것은 이 행동을 왜 하는지, 자신의 핵심 감정을 파악하는 것이다. 나만이 가진 핵심 감정은 최종 결과물이 탄생하는 순간까지 매 순간 새로운 아이디어와 방법을 떠올리고 시도하는 데 도움을 준다. 내가 왜 이 문제를 해결하고 싶은지, 이 활동으로 무엇을 추구하는지, 이것을 성공시켜 주변에 어떤 도움을 주고자 하는지를 선명하게 이해할 때 그것은 자신의 핵심 가치가 되어 모든 생각과 에너지의 역량을 그 활동에 집중시킨다. 결국 나의 핵심 감정을 아는 것이야말로 창의적인 결과물을 통해 내가 추구하는 가치를 실현하는 길이다.

## 내 안의 핵심 감정을
## 발견하는 법

앞에서 소개한 '행복한 커피' 이야기를 다시 해보자. 참가자들이 커피를 그리는 계기로 삼은 '행복한'이라는 감정은 그들이 스스로 떠올린 것이 아니라 내가 의도적으로 주입시킨 것이다. 이렇게 자신의 의지와 상관없이 일방적으로 주입된 감정에 공감하는 것만으로도 창의성은 얼마든지 발휘될 수 있다. 더 놀라운 것은 '행복'이라는 한 가지 주제로 작업을 하는데도 결과물은 참가자의 수만큼이나 다양했다는 점이다.

만약 강연장에서처럼 일방적으로 전달받은 감정이 아닌 자신의 진정한 핵심 감정을 스스로 찾아내고 그 감정을 계기로 삼아 일상을 살아간다면 어떨까? 핵심 감정은 자신과 가장 밀접한 연관이 있기에 이를 계기로 멋진 결과물을 탄생시키고자 하는 의지도 더욱 적극적일 것이다. 동시에 창의성 또한 더욱 활발하게 드러날 것이다. 그리고 이러한 단계를 거칠수록 점점 더 매력적이고 놀라운 창조적 가치를 스스로 실현하게 될 것이다.

멋진 결과를 만들어내고 자신의 일상에서 매 순간 창조성을 꽃피우고 싶다면, 가장 먼저 나의 핵심 감정이 무엇인지 발견해야 한다. 지금부터 핵심 감정에 대해 차근차근 설명하겠다.

우리 모두는 유일한 존재다. 외모, 취향, 특기, 장단점 등 모든 것이 남들과 다르며 어떤 환경에서 태어나 어떤 부모 밑에서 자랐는지에 따라 다른 사람들과 구분된다. 성장하면서 겪는 일, 만나는 친구에 따라서도 저마다 다른 경험을 한다. 이 모든 것에서 영향을 받으며 생겨나는 나만의 기본 자질, 가장 본능적인 감정이 바로 핵심 감정이다. 그래서 모든 사람은 자신만의 핵심 감정을 가지고 있다.

그런데 누구에게나 존재하는 핵심 감정이 무엇인지 구체적인 설명을 요구한다면 명확하게 대답하기가 모호한 것이 사실이다. 자신이 강하게 느끼는 어떤 욕구 같기도 하고, 말 그대로 나의 근본을 이루는 감정 같기도 한데 우선은 굉장히 추상적으로 느껴지기 때문이다. 핵심 감정을 간단하게 설명하면 내가 좋아하는 맛, 색깔, 패션, 인테리어 취향 등이 될 수도 있고 크게는 꿈과 소망, 갖고 싶은 직업, 살고 싶은 삶이 될 수도 있다. 그래서 이 정도 설명으로 핵심 감정을 완벽하게 이해하기란 어렵다.

앞에서 소개한 우리 어머니를 예로 들어보자. 어머니의 핵심 감정이 아들을 향한 사랑이라고 생각하는 이들이 있겠지만 어쩌면 그 감정의 근본은 어머니만 알고 있는 지극히 사적인 무엇일 수도 있다. 막내딸로 자라면서 자신이 이루지 못한 꿈에 대한 아쉬움을 아들이 대신 실현해주기를 바라는 갈망일 수도 있고, 밥을 잘 먹지 않는 아들이 밥을 먹게 만드는 게 주부이자 엄마로서 느끼는 큰 효능감일 수도 있다. 내가 어머니가 아니기에 어머니가 그렇게까지 요리에 집중했던 분명한 이유를 알 수 없고, 어머니도 스스로 그 감정을 명확하게 설명하지 못할 수도 있다.

분명한 사실은 아들이라는 대상을 통해 자신의 욕구를 분명하게 투영하고, 성취감을 느꼈다는 점이다. 감정이 가지는 이러한 속성을 우리가 완벽하게 이해할 수는 없겠지만 내가 자주 느끼는 이러한 감정이 무엇을 의미하는지는 깨달을 수 있다. 그래서 나만의 핵심 감정을 스스로 정확하게 파악하는 일은 제법 지난한 과정이 될 수도 있겠지만, 방법은 있다. 바로 자신의 핵심 감정을 투영할 수 있는 일종의 거울 같은 대상을 찾는 것이다. 이것이 바로 자신의 감정을 충족시키는 '대상을 발견'하는 일이다.

나는 운이 좋아서 그림이라는 대상을 통해 핵심 감정을 일찍 발견할 수 있었다. 그래서 어느 순간부터 작가라는 직업을 가지고 활동하고 있으며, 미술을 통해 나의 결과물을 탄생시키고 있다. 다른 분야에서 활동하는 예술가들도 크게 다르지 않을 것이다. 물론 예술은 장르가 명확히 구분되기에 그림, 글, 영상, 사진, 무용 등 대상을 발견하기가 수월하겠지만 일반적으로는 세상에 존재하는 수많은 대상 중에서 자신과 핏이 맞는 것을 찾아야 하기에 좀 더 어렵게 느껴질 수 있다.

나에게 그림이 감정을 불러일으키고 욕구를 충족시키는 대상이 된 것처럼 누구든지 자신의 핵심 감정을 투영하는 대상을 발견할 수 있다. 그 대상이 하나도 없는 사람은 단언컨대 세상에 존재하지 않는다. 우리의 감정이 때와 상황에 따라 항상 변화하고 무엇인가에 끌리거나 거부감을 느낀다는 사실이 그 증거다.

어떠한 대상을 볼 때 미세하게라도 감정이 움직이는 것을 느낀다면 나의 감정이 그것에 투영되고 있다는 증거다. 물론 이런 점만으로 자신의 핵심 감정을 정확하게 알 수 있다고 속단하기는 이르다. 나만의 핵심 감정은 일상에서 우연히 발견할 수도 있고 여러 경험을 하는 동안 시간이 차곡차곡 쌓여 어느 날 자연스럽게 느낄 수도 있다.

지금부터는 각자의 핵심 감정을 알아차리는 데 도움이 될 만한 사항 몇 가지를 소개하겠다.

### 일상에서 핵심 감정을 발견할 수 있는 다양한 방법

첫째, 대상의 겉모습보다 그 안에 내포된 근본 속성을 파악하려고 노력한다. 감정을 충족시키는 대상이 있다면 의식하진 못했어도 평소 그 대상에 자주 집중하고 관심 가졌을 확률이 높다. 그 대상을 나와 직접 연결하는 상상을 하거나 관련된 목표를 떠올리거나 소유하거나 느끼거나 실행하려는 생각에 자신도 모르게 마음이 다급해질 수도 있다.

한 가지 예를 들어보자. 어느 학부모가 나에게 상담을 신청했다. 자기 아이가 그림 그리는 것을 너무 좋아해서 어렵게 미대에 합격했는데 1년도 안 되어 적성에 맞지 않는다며 자퇴할 고민을 한다는 것이었다. 그런데 안타까운 마음에 계속 이야기를 듣다 보니 그 아이는 미술이 적성에 안 맞는 것이 아니라 과를 잘못 선택한 것 같았다.

아이는 교수가 정해주는 매뉴얼대로가 아닌 자기 식대로 그림을 그리는 것을 좋아하기 때문에 회화과에 진학했어야 하는데, 디자인과에 입학했던 것이다. 둘 다 미술과 관련되지만 회화과는 나 자신이 주체가 되어 자기만의 예술 작품을 창작하는 곳이고 디자인과는 현실 상황과 목적에 맞는 제품을 만들어내는 곳이다. 예술가적 기질이 다분한 사람이 시장의 선택을 받는 결과물을 도출하는 수업을 들으면 자신의 영감과 창의성에 매번 간섭을 받으니 극심한 스트레스를 받을 수밖에 없다. 만약 아이의 감정이 충족될 수 있는 환경에서 공부한다면 자연스레 만족도가 커질 것이고 창의성도 잘 발휘하게 될 것이다.

요리하는 것이 좋아서 나만의 메뉴를 개발하는 것과 식당을 운영하는 것은 완전히 다른 문제다. 운동을 잘하는 것과 코치를 하는 것, 독서를 즐기는 것과 책을 쓰는 것도 별개다. 근본 속성이 완전히 다르기 때문이다. 책에서 굳이 언급할 필요가 있나 싶을 정도로 누구든지 알 만한 내용이지만 막상 자신의 문제가 되면 이 간단한 사실을 망각하는 사람들이 정말 많다. 감정이 충만해지고 강렬한 이끌림을 느끼다 보면 이성이 흐려져 충동적인 판단을 내릴 수도 있다.

초반에는 생각만 해도 심장이 두근거리고 너무 재미있었던 일이 시간이 지날수록 뜨뜻미지근해지고, 감정이 느껴지지 않는 경우에도 그 대상이 가진 근본 속성을 다시 생각해보며 자신의 결정을 점검해보아야 한다. 만약 이 단계에서 지속적으로 부정적인 감정이 느껴진다면 빨리 방향을 바꾸어야 할 수도 있다.

그래도 반드시 기억해야 할 것은, 나의 감정을 자주 충족시키고 자신도 모르는 사이에 자꾸 이끌리는 것이 있다면 이러한 사실 자체를 부정하지 말아야 한다는 점이다. 자칫 창의성을 멋지게 발현할 기회를 놓칠 수 있다. 창의성을 드러내는 데 가장 중요한 것은 유연한 사고와, 그 대상이 내포하는 근본 속성을 파악하는 일이기 때문이다.

둘째, 감정을 충족시키는 대상을 발견했을 때 자신의 행동이 어떻게 달라지는지 관찰하는 것도 핵심 감정에 접근할 수 있게 해준다. 감정은 이성과 달라서 감정이 느껴질 때 하는 행동은 의식하지 못하는 사이에 드러나게 마련이다. 구체적으로는 이런 식이다.

- 손익을 계산하거나 조건을 따지지 않는다.
- 시간 가는 줄 모른다.
- 자신과 대상의 관계를 스스로 설정한다.
- 주변에서 자신을 이해 못 하는 경우가 많다.

일상에서 이런 경험을 자주 한다면 그 이유가 무엇인지 고민해보는 것도 좋은 계기가 된다.

셋째, 과거를 통해서도 핵심 감정을 파악할 수 있다. 오래된 물건 중 차마 버리지 못해 지금까지 간직하고 있는 것이 하나 정도는 있을 것이다. 남들 눈에는 평범한 물건이지만 계속 간직하는 이유는 그만큼 의미가 있기 때문이다. 이러한 물건들의 공통점은 나만 그 가치를 알아본다는 점이다. 물건에 나의 감정이 담겨 있다는 것은 그 물건에 나의 핵심 감정이 투영되어 있다는 뜻이다.

물건을 통해 자신의 핵심 감정을 찾고자 한다면 그 물건의 형태, 기능, 물성보다 나의 감정이 어떤 과정을 통해 그 물건에 담기게 되었는지를 생각해야 한다. SNS에 올렸던 내용을 살펴볼 때도 마찬가지다. 왜 이 사진을 올렸는지, 이때 무엇을 기억하고자 했는지, 비공개로 전환하거나 삭제한 것이 있다면 왜 그랬는지 자문하면서 자신의 진짜 감정을 알아가는 과정이 필요하다.

이런 식으로 계속 살피다 보면 어느 날 자신의 모든 흔적에서 공통점, 일정한 규칙, 패턴 등을 발견할 수 있다. 예를 들어 나는 기분 전환이 필요하면 친구들을 만나는 대신 전시회를 보러 간다든가, 맛있는 음식을 먹으면 항상 누군가가 생각난다든가, 어떤 장소에서도 절대 하지 않는 행동이 있다든가 하는 식이다. 그

것이 무엇이든 정답은 자신만 알고 있다.

이러한 흔적을 살펴볼 때도 주의할 점이 있다. 그 대상을 간직하거나 기록한 이유가 철저히 스스로의 결정이어야 한다는 것이다. 가령 SNS에 뭔가를 올리려는 이유가 수익, 홍보, 누군가의 부탁 때문이라면 온전한 내 감정이라고 할 수 없다. 이러한 점을 스스로 잘 가려낸다면 과거 흔적을 살펴보는 것은 자신의 핵심 감정을 발견하는 데 많은 도움이 될 것이다.

넷째. 감정 리셋이 필요하다. 우리는 하루에도 수많은 감정을 느끼는데 대부분의 감정은 외부 요인의 영향을 받는다. 대다수 사람은 일터에서 매일 다양한 문제를 맞닥뜨리고, 이것을 해결하는 과정에서 의지나 취향과 관계없이 감정의 지배를 받게 된다. 그러다 잠깐의 여유가 생기면 스트레스를 풀기 위해 유튜브, 숏폼 등을 시청하기도 하는데, 자극적인 외부 자극에 익숙해지다 보면 계속해서 받아들일 수밖에 없다.

문제는 이러한 시간이 계속될수록 핵심 감정을 탐색하는 계기가 줄어든다는 점이다. 심각한 경우 자신의 존재감을 느끼지 못해 나이 들수록 점차 기계적인 삶을 살게 된다. 자신도 모르는 사이 감정이 배제된 결과다.

창의적인 발상은 나의 핵심 감정을 아는 데서 시작되는데 회사와 집만 오가며 의무와 역할에 몰두하다 보면 창의적인 발상을 떠올릴 계기 자체가 원천적으로 차단된다. 그래서 잠시라도 여유를 가지고 현실에서 벗어나려는 행동을 해야 한다. 몇 분간 차를 마시는 것도 좋고 가벼운 산책이나 명상도 좋다. 여행도 추천할 만하다. 어떠한 방법으로든 외부에서 주입되는 자극과 거리를 두어야 비로소 자신의 감정에 집중할 수 있다.

짧게라도 온전히 나를 위한 시간을 가진다면 이때 자신에게 질문을 던져야 한다. 지금 내가 하고 있는 이 모든 일은 어떤 감정에서 시작되었나 하는 점이다. 이 질문을 반복하다 보면 핵심 감정을 발견하는 단서를 찾을 수 있다.

다섯째, 어떤 대상에게서 느껴지는 신체 반응을 감지하는 것, 즉 몸의 감각을 신호로 활용하는 것이다. 우리가 어떤 일을 할 때는 항상 에너지를 소비해야 한다. 똑같은 에너지를 쓰는 일이라도 상황, 대상에 따라 활력이 생기는가 하면 더 빨리 피로하거나 지루해질 수도 있는데, 이것은 나의 생물학적 나이나 물리적 신체 기능과 별개다. 그 일을 할 때 나의 에너지가 소모되는지 충족되는지를 가만히 관찰해보면 핵심 감정과 그 대상의 연관성을 발견하는 데 도움이 된다.

우리가 매일매일 이 세상을 살아간다는 점이 분명한 사실이듯, 핵심 감정 또한 저마다의 내면에 분명히 존재한다. 지금까지 소개한 방법으로 핵심 감정을 찾는 데 충분한 도움을 받을 수 있지만, 방법을 아는 것보다 더 중요한 사실은 나의 심장과 마음이 어느 순간에 요동치는지 알아낼 수 있다는 굳은 믿음이다.

## 핵심 감정이
## 창조적 본능을 일깨운다는 것

모든 생명체는 누가 알려주지 않아도 어떻게 생명을 유지해야 하는지 잘 알고 있다. 생존 본능은 무의식에 새겨져 있기 때문이다.

여기에는 놀라운 사실이 숨어 있다. 살면서 실행하는 모든 일은 자신도 모르는 사이에 우리 안에 내재되어 있던 창조성이 발현된 결과라는 점이다. 모든 사람에게는 배우지 않아도 스스로 결과물을 탄생시킬 수 있는 창조적 본능이 있다.

창조적 본능은 감정을 충족시키는 대상을 발견하는 순간 가슴이 두근거리는 데서 시작된다. 그 대상을 통해 자신의 핵심 감정이 활성화되기 때문이다. 다른 일을 할 때도 어떤 대상이 자꾸 생각났던 경험을 누구나 한번은 했을 것이다. 자꾸 다른 데 신경

이 쓰이고, 이런저런 아이디어가 떠오르고, 그것을 실현한 나의 모습을 상상하면서 그 대상과 나를 일치시키려 노력한다. 이런 시간이 반복되다 보면 그 대상과 하나가 되는 순간 창조적 결과물이 탄생한다.

나의 경우를 예로 들어보겠다. 내가 다녔던 학교 근처에 미술 갤러리가 있었는데, 처음에는 그 건물이 뭔지 몰라서 별로 관심이 없었다. 버스를 타고 지나가면서 간판을 바라볼 때면 별다른 쓸모도 없어 보이는 건물을 왜 저렇게 크게 지은 걸까 궁금했다. 당시 회화과 학생이었지만 나는 순수미술은 자기만족 정도로만 여겼고, 대중예술을 선보이려면 영화, 만화, 대중음악 같은 분야를 선택해야 한다고 생각했다.

다음 해에 교양수업을 듣기 위해 미술관에 가야 하는 상황이 생겼다. 용돈이 조금 아까웠지만 티켓을 구입하고 이 갤러리에 드디어 입장했다. 입구에 설치된 조형물을 그날 처음으로 가까이서 확인했는데, 뭔가 묘한 기분이 들기 시작했다. 인간의 상반신을 해부해 장기가 다 드러난 조형물을 보는 순간, 그동안 고루하다고 생각했던 순수미술에 대한 나의 편견이 깨지면서 흥미와 호기심이 느껴졌다.

전시장 벽에 걸려 있는 여러 작품은 학교에서 동기들의 작품

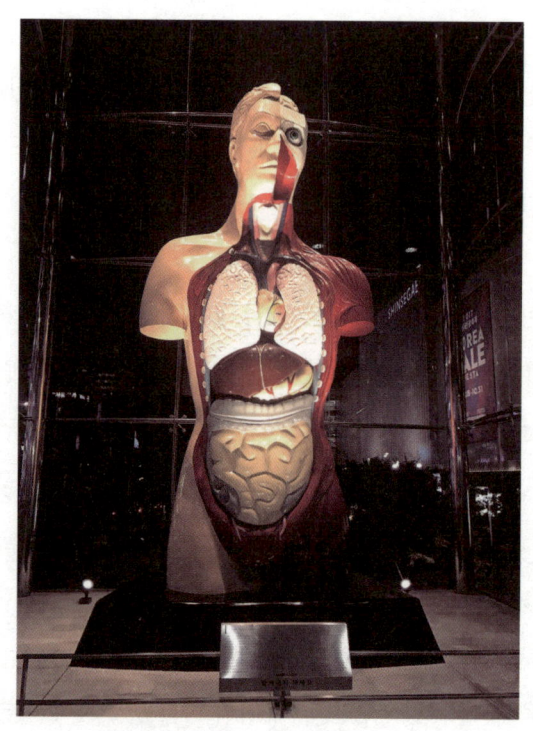

〈찬가〉, 데미안 허스트, 2000년

을 볼 때와는 전혀 다른 느낌을 주었다. 압도적인 크기와 디테일이 느껴져 나는 과제를 하러 왔다는 사실도 잊어버리고 작품 앞에 한참을 서 있었다. 함께 온 동기들은 자신들이 알아야 할 부분만 확인하고 먼저 나갔지만 전혀 아랑곳하지 않았다.

　나는 이때부터 현대미술에 깊은 관심을 가지게 되었고, 그 후로 낯선 건물에 가면 그곳에 걸려 있는 작품에 자연스럽게 시선이 향했다. 은행 벽에 걸린 특이한 오브제를 조합해 완성한 꽃에 심취해 몇십 분간 그 앞을 서성인 적도 있다. 내가 현대미술에 대해 스스로 연구한 내용을 수업 시간에 발표하자 교수와 동기들이 흥미롭게 경청하기도 했다.

그러던 중 뒤늦게 새로운 사실을 알게 되었다. 학교 근처에 있던 그 건물이 일반적인 미술관이 아닌 세계적으로 주목받는 아라리오 갤러리이며 입구에 설치한 대형 조형물은 영국의 국보급 아티스트인 데미언 허스트Damien Hirst의 작품이라는 것이었다. 그동안 감상했던 작품들과 뭔가 달라 보였던 데는 그만한 이유가 있었던 것이다.

작품을 볼 때마다 마음이 계속해서 요동을 치다 보니, 나 또한 사람들의 마음을 사로잡는 작품을 창작해야겠다는 욕구가 커졌다. 아라리오 갤러리의 존재감을 처음부터 알아보지 못했다는 아쉬움 때문인지, 나의 작품은 누구나 쉽게 이해하고 즐길 수 있으면 좋겠다는 감정도 강렬해졌다. 이후 대중에게 쉽게 다가갈 수 있는 작품 이미지를 계속 고민한 끝에 나만의 것을 완성할 수 있었다. 처음에는 이렇다 할 홍보 수단이 없어서 개인 블로그에 작품을 올렸는데, 운이 좋게도 경남도립미술관에서 주최하는 국내 최대 규모의 팝아트 전시회에 초대받으면서 본격적으로 작가로 활동할 수 있었다. 그 후로도 대중들이 공감할 수 있는 흥미로운 작품을 창작하겠다는 열망이 나의 핵심 감정으로 자리 잡으면서 지금까지 예술 활동을 이어가고 있다.

아라리오 갤러리에 처음 방문해서 전시물을 발견했을 때 내 안에서 일어난 움직임은 누군가가 알려주거나 배운 결과가 아니다. 나를 충족시키는 대상을 발견함으로써 핵심 감정을 알게 되었고, 자연스레 그 전시물들에 호기심을 느끼면서 더 많은 정보를 알고 싶다는 욕구가 올라왔다. 전시물의 속성을 나와 일치시키려 노력한 결과가 나의 작품 스타일로 완성되었다.

어느 날 문득 그렇게 되고 싶고, 그렇게 보이고 싶고, 그렇게 경험하고 싶고, 그렇게 이루고 싶은 것이 생겼다면 자신의 핵심 감정을 스스로 알아채기 시작한 것이다. 이미 그런 시간이 있었다면, 앞으로 무엇을 해야 할지 걱정하지 않아도 된다. 당신이 앞으로 하게 될 일을, 당신 내면의 창조적 본능이 이미 알고 있기 때문이다.

## 살아온 시간 속에
## 저마다의 길이 있다

    모든 창의적 결과물은 저마다 용도가 있었다. 아무리 간단한 물건도, 혹은 대단히 정교한 기계나 기술 원리, 건축물 등도 자세히 관찰해보면 그것만의 구조와 원리가 존재한다는 것을 알 수 있다.

    그렇다면 이러한 결과물들을 탄생하게 만든 핵심 감정은 어떻게 알 수 있을까? 아무리 도면을 살펴보고 작동원리를 익혀도 단서는 보이지 않는다. 접근 자체가 다르기 때문이다.

    창의적 결과물을 탄생시킨 핵심 감정을 파악하는 일은 이와 관련된 인과관계를 살피는 데서 시작할 수 있다. 그 결과물에 담긴 서사를 바라보아야 한다는 뜻이다. 문제는 각각의 사연들은 지극히 개인적이어서 객관적인 수치로 표현할 수 없고, 공식적으로 기록하기도 어려워서 세상에 잘 드러나지 않는다는 것이다. 나의 경우도 아라리오 갤러리를 처음 접했던 날 이후 느낀 일련의 감정보다 학교, 작품 이미지, 전시 경력을 가지고 미술관이나 기업에서 나를 평가하는 것이 현실이다.

그래도 우리가 서사를 주목해야 하는 이유는 지금까지 기술적, 기능적 관점에서 평가하는 가치만으로는 구현할 수 없었던 전혀 다른 가치를 서사를 통해 느낄 수 있기 때문이다. 앞에서 예로 든 '행복한 커피'를 떠올려보자. 만약 이런 의도로 이런 커피를 그렸다고 소개하는 과정 없이 완성된 그림만 보았다면 현장에 있었던 다른 사람들의 공감과 소통을 끌어내기가 어려웠을 것이다.

따라서 앞으로 펼쳐질 창의성의 시대에도 핵심 감정을 아는 것은 매우 중요하다. 지금까지 스펙, 기술, 데이터 분석 등 수치와 통계를 기반으로 했던 비즈니스와 판이하게 다른 경쟁력을 지닌 새로운 상품을 선보일 수 있기 때문이다. 무엇보다 의미 있는 사실은 핵심 감정은 모든 사람에게 존재하는 것이며, 이것을 자신만의 경쟁 무기로 활용하는 순간, 단언컨대 그 무엇과도 견줄 수 없을 만큼 폭발적인 결과물을 탄생시킬 것이라는 점이다.

## 핵심 감정, 그 가치를 세상에 드러내다

날씨가 추운 1~3월은 동물원의 비수기다. 동물원에서 이 문제를 어떻게 해결할 수 있을까? 일반적으로는 야외용 히터 설치, 실내 코스 증축 등 고객 편의를 개선하는 방법과 그에 따른 추가 비용을 고민할 것이다. 그런데 최근 이 문제를 자이언트 판다 한 마리가 단번에 해결해버렸다. 정확하게는 단순한 해결 수준이 아니라 그야말로 초대박을 쳤다.

사람들은 왜 아기 판다 푸바오에게 그렇게 열광했을까? 눈 내리는 추운 날 푸바오를 보기 위해 야외에서 몇 시간째 기다리는 사람들의 줄이, 푸바오에게 느끼는 감정이 얼마나 뜨거운가를 잘 보여준다.

푸바오 열풍은 푸바오를 돌보는 ○○○ 사육사의 감정에 공감하는 시청자들에게서 비롯되었다. 한국에서 태어난 푸바오는 3년이 지나면 멸종위기 야생동식물 국제거래협약에 따라 중국으로 귀환되기 때문에 어차피 한국을 떠날 수밖에 없는 운명이다. 담당 사육사는 중국의 사육 시설에서 일부 판다가 제대로 보호받지 못하고 때로는 학대까지 당하는 장면을 보았기에 혹시라도 푸바오가 나중에 힘들어지지 않을까 걱정한다. 하지만 이

건 자신이 걱정한다고 해서 해결할 수 있는 문제가 아니다.

그 사육사가 푸바오를 지키기 위해 떠올린 아이디어는 푸바오의 일상을 유튜브에 올려서 많은 사람들의 관심을 끌고 여론을 주목시키는 것이었다. 그러면 중국으로 보내도 푸바오는 잘 보호받을 수 있겠다고 생각했다. 이 계획을 에버랜드 측에 제안하지만 처음에는 사육 과정이나 시설이 노출되면 자칫 부정적인 오해를 살 수 있다는 우려 때문에 받아들여지지 않는다. 그래도 담당 사육사가 강하게 어필해 결국 푸바오의 일상이 공개되고, 마침내 세상에서 가장 사랑받는 아기 판다가 탄생한다.

이 지점이 바로 사육사의 핵심 감정이다. 자신이 보살피는 판다가 행복하게 잘 살기를 바라는 애틋한 마음이 푸바오를 전 국민이 사랑하는 판다로 만들었다. 푸바오는 지난 3월 예정대로 중국으로 떠났고 사육사의 바람대로 다행히 현지에서도 많은 관심과 사랑을 받으며 잘 지내고 있다.

이후 놀이공원 판다 월드는 역대급 성황을 이루고 있다. 새로 태어난 푸바오의 쌍둥이 동생도 여전히 인기몰이를 하고 있다. 관련 캐릭터 상품은 연일 매진이고 판다 카페 앞에는 매일 사람들이 길게 줄을 선다.

○○○ 사육사는 놀이공원의 전문 경영인도 아니고 홍보 전

문가도 아니다. 단지 동물을 사랑하고 자신의 일을 좋아하는 사육사일 뿐이다. 하지만 그의 핵심 감정을 모두가 알아본 순간, 이 놀라운 일들이 마치 폭죽처럼 세상에 펼쳐졌다.

푸바오의 등장으로 이전까지는 아무도 몰랐지만 이제는 전 국민이 알게 된 또 다른 사실들도 있다. 오래전부터 지금까지 수많은 동물과 교감했던 담당 사육사 개인의 인생, 그리고 러바오와 아이바오를 처음 만나는 순간 두 판다의 존재감을 단번에 알아보았던 사육사의 행동 등이다. 그 사육사는 어느 인터뷰에서 이렇게 말했다.

"푸바오를 잘 돌보려면 러바오와 아이바오가 왜 한국에 오게 되었는지, 이전에 중국에서 무슨 일을 겪었는지, 왜 판다가 특별한 보호를 받고 있는지를 모두 이해해야 합니다."

그의 답변이 우리에게 일깨워주는 핵심 감정의 궁극적 의미는 무엇일까? 바로 서사를 알아야 핵심 감정을 느낄 수 있다는 것이다. 사육사가 시도했던 유튜브 업로드 아이디어, 아기 판다를 위한 대나무 장난감 안경, 전용 의자, 헬리콥터, 휴대폰, 푸스빌 등 무수한 결과물이 사람들의 관심을 끌 수 있었던 이유도 바로 푸바오의 서사를 통해 느낄 수 있는 여러 감정을 사육사가 먼저 공감했기 때문이다. 그리고 사육사의 감정에 수십, 수백만 명의 사람들이 공감했기 때문이다.

## 어느 로봇 과학자에게
## 〈스타워즈〉의 의미

나는 독립영화를 연출한 적이 있다. 촬영이 끝난 어느 날, 뒤풀이 자리에서 이런저런 수다를 떠는데 영화제작사 대표가 한 얘기가 오랫동안 기억에 남았다. 그 대표는 어린 시절 영화 〈스타워즈〉를 보면서 영화제작자의 꿈을 키웠는데, 지금 작게나마 그 꿈을 이룰 수 있어서 너무 감격스럽다고 했다. 그 말에 내가 〈스타워즈〉를 처음 본 순간을 떠올려보았다. 당시 내가 느낀 것은 그 대표 같은 영화제작자가 아니라 우리나라는 어째서 저런 멋진 영화를 만들지 못할까 하는 불만이었다. 집에 돌아와서 가만히 생각해보니 내가 지금 미술 작가로 활동하는 이유 중에 이 감정이 포함되어 있으며, 그래서 기회만 닿으면 해외로 진출하려는 시도를 계속해서 하고 있다는 사실을 알게 되었다.

어느 날 TV에서 우연히 한 로봇 과학자의 이야기를 접했는데, 그 역시 로봇 과학자가 되겠다고 처음 생각한 순간이 〈스타워즈〉를 봤을 때였다고 말하는 것을 듣고 신기하다고 생각했다.

나, 제작사 대표, 그 로봇 과학자는 모두 똑같은 영화를 봤지만 느낀 감정이 모두 달랐다. 과연 그의 핵심 감정은 무엇이었을까 생각하며 방송을 계속 시청하니, 그는 〈스타워즈〉를 보면서

로봇이 인간을 해치는 데 절대 사용되어서는 안 되고, 자신은 인간에게 도움을 주는 휴먼 로봇을 만들어야겠다는 생각을 하게 되었다고 밝혔다.

실제로 그는 시각장애인이 운전할 수 있는 자동차를 개발했는데, 그때 주변 과학자들의 반응은 별로였다고 한다. 워낙 극소수를 위한 프로젝트인 만큼 이 일은 돈도 되지 않고 많은 주목을 받기도 힘들 것이라고 만류했단다. 그래도 그는 자신의 의지대로 연구를 지속했고, 어떻게 하면 시각장애인이 가장 안전하고 편리한 방법으로 운전할 수 있을지 치열하게 고민한다.

그는 초반에는 목소리로 운전을 지시하는 법을 연구한다. 그런데 곰곰이 생각해보니 시각장애들도 보통 사람들처럼 운전 중에 음악을 듣고 옆 사람과 대화하고 싶어 할 거라 생각해 다른 방법을 선택한다. 마침내 그가 선택한 기술은 자동차에 달린 수많은 카메라 정보를 시각장애인에게 전달하는 에어픽스(판에 뚫린 수천 개의 점에서 압축공기가 올라오는 원리를 통해 손바닥에 감각을 전달하는 방법)였다.

2011년, 드디어 데이토나 국제경기장에서 수많은 사람들이 지켜보는 가운데 시각장애인 마크가 태어나 처음으로 자동차를 몰면서 역사의 한 장면을 기록한다. 이후 그 로봇 과학자의 시도는 시각이 아닌 다른 방법으로 정보를 전달하는 비시각 인터페이스 연구에 큰 기여를 한다.

일각에서는 그의 연구가 과학자들 사이에서 그다지 획기적인 것이 아니라고 평가하기도 한다. 하지만 첨단 연구인지 여부를 떠나 그 로봇 과학자가 시각장애인의 문제를 해결하고자 끈질기게 매달렸던 것은 틀림없는 사실이다.

그의 핵심 감정이 가진 가치라는 관점에서 본다면 과학이 인간을 위해 어떤 역할을 해야 하는가를 고민할 수 있다. 첨단 기술, 획기적인 발명품, 발전 속도도 중요하겠지만 사람들이 기대하는 것은 기술에 담긴 진정성일 것이다. 이러한 점을 고민한다면 앞으로 탄생할 로봇이 어떤 모습을 하고 어떤 역할을 수행해야 할지 하나의 지표로 삼을 수 있을 것이다.

## 한 아나운서의
## 알 수 없는 행동

오랜 지인인 ○○○ 아나운서와 대화를 나누던 중, 재미있는 일화를 전해 들었다. 그는 학창 시절 어머니에게 "너는 왜 자꾸 쓸데없는 데 시간을 쓰니?"라는 잔소리를 자주 들었다고 한다.

시험이 당장 코앞이라 공부만 해도 모자랄 판국에, 자신보다 공부를 못하는 친구들을 모아놓고 문제 푸는 법을 세세하게 설명해주었기 때문이다. 그는 어머니가 잔소리를 하실 때마다 "엄마, 난 친구들한테 어려운 문제를 쉽게 알려주는 게 좋아. 그러는 동안 내 머릿속도 정리가 된단 말이야"라고 말했단다.

○○○ 아나운서는 자신의 설명을 들은 친구들이 시험에서 좋은 성적을 받는 것을 보며 만족감을 느꼈다. 부모 입장에서는 딸이 자칫 본인의 공부를 소홀히 할까 봐 탐탁지 않았겠지만 그는 이때 느낀 감정을 계기로 삼아 아나운서가 된 후에도 정보와 지식을 알기 쉽게 전달하는 프로그램을 주로 진행했다. 〈무엇이든 물어보세요〉, 〈추적 60분〉, 〈○○○의 뉴스 브런치〉 등이 대표적이다.

최근에 그는 정년퇴직 이후를 준비하기 위해 심리상담대학원에 입학했다. 마음에 큰 상처를 받아 자신의 감정을 제대로 들여다보지 못하는 사람들을 위해 심리치료사가 되고자 한다.

나는 ○○○ 아나운서의 지인으로 오랫동안 그를 지켜보면서 심적 고통을 느끼는 사람들에게 도움을 주고 싶어 하는 마음이 얼마나 진실한지 수차례 느꼈다. 최근에는 자신이 오랫동안 방송을 진행하며 직접 경험하고 개선시킨 여러 가지 사례를 구체화해서 소통 관련 저서를 집필 중이라는데, 나는 이 책의 가치가 그 어떤 심리서보다 감정 소통을 어려워하는 사람들에게 도움이 될 거라고 확신한다.

## 신사답게 감정을 가로챈 괴물, JM

"본인이 가장 흥미를 가지는 주제는 무엇인가요?"

우리나라의 대표적 선글라스 브랜드인 JM 채용 면접에서 면접자들이 받는 질문이다. 잘 알려져 있다시피 JM은 세계적으로 돌풍을 일으키며 신종 명품 반열에 오른 브랜드이다.

창립한 지 10여 년밖에 되지 않은 회사가 어떻게 단기간에 기업 가치 1조 원을 돌파하며 수백 년의 역사를 가진 유럽 명품 브랜드들과 어깨를 나란히 할 수 있었는지는, 이 간단한 질문을 통해 가늠할 수 있다. 이 질문을 내 방식대로 해석하자면 "본인의 감정을 충족시키는 대상은 무엇인가요?"라고 할 수 있다. 즉 자신이 무엇을 할 때 창의성이 발현되는지를 묻는 것이다.

실제로 JM에는 정말 다양한 분야의 인재들이 일하고 있다. 그중 조향사, 파티시에, 소믈리에, 미디어 아트 전문가, 로봇공학자 등은 얼핏 보기에도 패션과 아무 관련이 없어 보인다. 그런데 JM에서 근무하는 이들이 가진 한 가지 공통점이 있다. 바로 모든 구성원들이 자신이 무엇을 할 때 심장이 두근거리는지 알고 있는 사람들이라는 점이다.

JM은 직원 채용 단계에서 지원자가 가진 핵심 감정을 면밀히 파악한다. 그런 다음 핵심 감정을 마음껏 충족시킬 수 있도록 놀이터 같은 근무환경을 제공하는데, 이곳에서 발현되는 다양한 창의적 아이디어를 결과물로 구체화한 것이 바로 선글라스이다. 선글라스 디자인만 해도 렌즈 위에 연필을 올린 안경, 얼굴을 다 덮은 CD 모양의 안경, 범인을 잡을 때 쓰는 수갑 모양 안경부터 안경다리에 건축가들이 쓰는 수평계가 달린 것, 지팡이 손잡이처럼 끝부분이 휘어진 것도 있다.

이러한 특성은 내가 이 책의 1장에서 소개한 '행복한 커피 그리기'와 같은 맥락에서 설명할 수 있다. '행복'이라는 핵심 감정을 커피라는 결과물로 표현할 수 있도록 특강 시간을 참가자들의 놀이터로 만들어주자 무수한 결과물이 쏟아져 나왔던 것과 마찬가지다. 강연장에서 내가 하는 일은 이 놀이터를 더욱 즐거운 곳으로 느끼도록 저마다의 생각을 존중해주고, 자신의 결과물을 여러 사람 앞에서 발표하고 응원과 칭찬을 받게 한 것뿐이다. 간혹 몇몇 참가자는 강연이 끝났는데도 계속 그림을 그릴 정도로 창의적인 아이디어를 떠올리기도 한다. JM에 입사한 이들 역시 좋은 환경에서 저마다의 기량을 끌어올리며 창의성을 마음껏 발휘하고 있는 것이다.

우리의 핵심 감정에는 각자가 살아온 인생만큼의 역사와 가치가 담겨 있다. 또한 누구나 자기 분야의 전문가로서 그 감정을 구체적인 결과물로 완성해본 경험이 한 번쯤은 있을 것이다. 우리가 알고 있는 모든 명품 브랜드는 수십, 수백 년에 걸쳐 자신들만의 핵심 가치를 사람들의 핵심 감정에 대입해왔다. 우리의 핵심 감정과 창의성이 JM처럼 엄청난 부가가치를 만들어내는 명품 브랜드가 되지 말라는 법은 없다.

JM의 사례를 살펴보다가 문득 20여 년 전 내가 디자인을 공부하던 때가 생각났다. 당시 나를 지도했던 선생은 자신이 프랑스의 자동차 기업 푸조의 입사 시험에 합격했던 일화를 들려주었다. 선생은 몇 년 동안 해외에서 활동하면서 경험했던 에피소드 몇 가지를 들려준 적이 있는데, 당시 나에게는 그 일화들이 다소 충격적이었다.

푸조에 입사한 지 얼마 되지 않았을 때, 선생은 밤낮을 가리지 않고 열심히 작업한 푸조 스타일의 다양한 자동차 디자인을 상사인 수석디자이너에게 보여주었다. 그런데 그는 선생의 시안을 보자마자 "나는 당신의 디자인 방향이 좋아서 채용했는데,

왜 푸조식으로 디자인을 하죠?"라는 피드백을 들었단다. 푸조에 입사했으니 당연히 푸조 스타일대로 디자인해야 한다고 생각했는데, 오히려 질책을 듣는 것이 당시에는 쉽게 이해되지 않았다. 그러나 얼마 후 선생은 자신의 생각이 잘못되었다는 것을 깨달았다.

그런데 이런 피드백은 푸조가 아주 특별한 기업이어서 듣는 것이 아니다. 실제로 독일이든 이태리든 세계적인 명품 브랜드에서 인재를 발굴할 때 가장 중점적으로 보는 부분이, 자신만의 디자인을 창의적으로 잘 구현할 수 있는지 여부이다. 그래서 직원을 채용하면 본인이 가장 잘 표현할 수 있는 디자인을 하도록 격려하고 그 결과물들을 데이터로 보관해두었다가 신제품을 출시할 때 그 시기의 트렌드와 가장 적합한 것을 선택해 자사의 아이덴티티와 결합한다. 이것이 명품 브랜드들이 자신들만의 차별화되고 강력한 디자인 경쟁력을 발휘하는 방법이자, 구성원이 가진 핵심 감정의 가치를 극대화하는 방식이다.

다들 알다시피 우리나라는 정반대이다. 한국의 많은 기업은 해외에서 어떤 트렌드가 유행한다고 하면 그것을 빨리 흉내 내는 데 집중한다. 우리나라 자동차들이 각 기업만의 매력적인 디자인을 유지하지 못하고 시기에 따라 자꾸만 달라지는 것도 바로 이러한 이유 때문이다. 처음부터 자신이 좋아하는 결과물과, 취향은 아니지만 일로써 디자인한 결과물은 극명한 차이를 보일 수밖에 없다. 이러한 결과는 기업별 브랜드 가치를 높이기보다는 혼자서만 너무 튀지 않는 적당히 무난한 디자인으로 이어져 빠른 신제품 출시를 이끌어낸다.

이러한 사실을 처음 알게 되었을 때 우리나라에서 강력한 디자인으로 전 세계의 트렌드를 주도하는 명품 기업이 나오기는 어렵겠다는 안타까운 생각이 들었다. 그런데 JM의 사례를 보면서 한편으로는 희망을 느꼈고, 또 한편으로는 기존의 명품과는 다른 JM만의 융합 방식이 앞으로 어떤 행보로 전 세계인을 깜짝 놀라게 할지 기대하게 되었다.

JM 같은 유명 기업에 다니지 않아도, 혼자 작은 가게를 꾸리는 소상공인이어도 상관없다. 밥벌이를 하는 개인으로서 우리가 고민할 것은 남들과 비슷한 결과물 만들기, 상사에게 혼나지 않기 위한 수동적 업무 처리가 아니다. 나의 핵심 감정이 무엇인지, 그것이 가진 가치가 얼마나 큰지를 파악하는 일이다. 각자의 핵심 감정이 반영된 나만의 결과물을 세상에 선보일 수 있다면, 훗날 커다란 엄청난 가치를 만들어낼 수 있을지도 모른다. 우리의 결과물이 JM을 뛰어넘지 말라는 법은 없다.

이처럼 나의 감정이 어떤 대상을 통해 움직인다는 것은 그 대상이 나에게 무슨 영향이든 미치고 있다는 증거다. 이것을 쉽게 의식하고 자신의 언어로 설명하는 사람들도 있겠지만 무의식 중에 느끼는 경우가 많기 때문에 정확하게 설명하기 어려울 수도 있다. 또한 감정의 울림을 통해 재미와 기쁨을 느끼고 주변에서 인정을 받으며 자신의 존재감과 영향력을 확인하는 경우도 있겠지만 외면하고 싶은 상처나 결핍, 트라우마를 직면하는 등 부정적인 느낌을 받는 경우도 있다. 중요한 사실은 그 감정이 긍정적이라면 더욱 발전시키기 위해, 부정적이라면 극복하기 위해 노력해야 한다는 점이다. 핵심 감정이 가지는 힘의 근본은 바로 이 지점에서 생겨나며, 자신이 가진 욕구의 크기만큼 강력해지는 법이다.

영화 〈라라랜드〉로 잘 알려진 할리우드 배우 엠마 스톤은 어린 시절 친구 집에서 화재를 경험하면서, 모두가 불에 타죽을 거라는 극도의 공포감을 느끼고 이후 심각한 트라우마에 시달린다. 어느 날, 우연히 경험한 연극을 통해 마음의 안정을 느끼면서 자신의 불안감을 달래고 감정을 충족시키는 대상이 연기임을 깨닫는다. 또한 연기를 통해 자신의 상처와 한계를 극복할 수 있으리라 생각하고 절실함을 담아 발성, 움직임, 대사 처리 등 다양한 연기 테크닉을 자신만의 스타일로 만들어나간다.

이런 사례는 고전에서도 쉽게 만날 수 있다. 톱, 끌, 자귀, 자물쇠 등을 발명한 고대 중국의 최고 발명가이자 목수인 노반(魯班)은 나이가 들어 몸이 불편해진 상황에서도 이웃에 사는 젊은 목수 장(張)이 장롱을 만드는 솜씨를 보고 눈을 뗄 수 없었다. 장 씨는 화려하고 능숙한 도끼질로 나무를 마치 얇은 종잇조각 자르듯 순식간에 손질해 보는 사람들마다 절로 감탄한다. 노반은 그의 신들린 솜씨를 구경할 때마다 이제는 몸 하나 마음대로 움직일 수 없는 자신의 처지가 서글프고 아쉬웠다.

그래도 노반은 장씨처럼 나무를 얇게 벗겨내는 도끼질을 잘하고 싶다는 마음을 떨쳐낼 수 없었다. 그러던 어느 날, 도끼에서 날을 빼내어 작은 나무틀에 고정시키고 그것으로 나무를 미는 꿈을 꾼다. 꿈에서 그는 큰 힘을 들이지 않고도 나무가 종이처럼 얇게 썰리는 것을 보며 환호하는데, 잠에서 깬 후 그것을 비슷하게 재현한 도구를 만들어 시험한 결과 장씨처럼 능숙하게 나무를 벗겨낼 수 있었다. 노반은 무척이나 감격해하는데 이것이 바로 지금까지도 여러 분야에서 활용되고 있는 '대패'의 시작이다.

노반은 젊은 시절부터 목공에 획기적인 도구를 여럿 발명해 많은 목수들에게 인정과 존엄을 받아온 인물이다. 그의 일화는 나이 들어 현역에서 물러나게 되자 다른 목수들을 통해 과거 기운 넘쳤던 자신의 과거를 그리워하고 지금의 한계를 아쉬워하는 마음이 핵심 감정으로 작용한 결과다. 얼마나 간절했기에 꿈에서까지 창의적인 활동을 했을까? 그 간절함이 마침내 대패라는 결과물로 탄생한 것이다.

지금까지 우리가 살아온 시간을 찬찬히 되돌아보는 것만으로도 나를 설레게 하고 움직이게 하는 핵심 감정을 발견할 수 있다. 따라서 자신의 행적이 담긴 그동안의 서사를 살펴보는 일은 나만의 핵심 감정에 내포된 힘의 원천이 어디에서 오는지를 알 수 있는 소중한 기회이자, 이를 통해 드러나는 창의성을 진정으로 이해할 수 있는 계기를 마련해줄 것이다.

## 목표가 뚜렷하다는 건
## 자신의 핵심 감정을 안다는 것

지금까지 핵심 감정이 어떤 작용을 하는지 알아보았다. 그런데 핵심 감정을 아는 것보다 중요한 건 핵심 감정을 통해 나만의 창의성을 발휘할 수 있어야 한다는 점이다. 즉 핵심 감정이 목표와 결과물을 탄생시키는 데 실질적인 도움이 되어야 한다.

이를 위해 가장 먼저 해야 할 일은 내가 처한 상황을 정확하게 이해하는 것이다. 나라는 개인은 분명 한 사람이지만 여러 위치에서 다양한 모습으로 살아간다. 가정에서, 직장에서, 친구들 사이에서, 취미 동호회에서 맡은 역할이 모두 다르며 여러 사회적 역할과 완전히 분리된, 온전한 나 자신도 존재한다.

이렇게 다양한 역할과 모습으로 살다 보면 어느 순간 온전한 나로서 이루고 싶은 인생의 목표를 발견하게 된다. 바로 여기에 핵심 감정이 존재한다. 핵심 감정은 성취욕, 재미, 즐거움 같은 긍정적 요인부터 미련, 불안함, 두려움 같은 부정적인 요인도 될 수 있다. 내가 미술 작가로 활동하게 만드는 핵심 감정은 누구나 즐길 수 있는 대중성 있는 예술품을 창작하고 싶다는 마음이고, 온전한 나의 인생 목표는 새로운 예술을 탐구하고 창작하는 것이며 가족, 친구, 지인과의 관계에서는 또 다른 역할을 수행하고 있다.

그래서 각각의 상황에서 느끼는 핵심 감정을 명확하게 이해하는 일은 매우 중요하다. 이루고자 하는 목표를 나만의 창의적인 방식으로 달성하는 데 매우 밀접한 영향을 주기 때문이다. 가령 어떤 직장인이 회사에서 일을 할 때 그 일을 막연하게 잘해보겠다고 생각하기보다는 일을 통해 자신의 핵심 감정을 충족하겠다는 욕구가 분명하게 존재한다면, 일을 할 때 자신만의 아이디어를 더욱 효과적으로 떠올리는 것이 가능해질 것이다.

요리를 잘하고 싶은 사람이라면 유튜브에서 볼 수 있는 흔한 레시피를 참고할 수도 있겠지만, 단지 남들과 똑같은 방식으로 요리하는 것을 넘어 내가 만든 음식을 통해 화목한 가정을 만들고 싶은 욕구가 핵심 감정으로 작용할 수도 있다. 만약 이것이 계기가 된다면 가족이 함께 만드는 요리, 각자의 체질에 맞는 메뉴, 건강 도시락, 기념일 밥상 등 나만의 메뉴를 탄생시킬 수 있다.

그래서 핵심 감정을 기반으로 하는 목표는 얼마든지 만들 수 있고, 그냥 목표를 세우고 실천하는 것보다 훨씬 긍정적인 효과를 얻을 수도 있다. 예를 들면 다음과 같다.

- 목표를 달성하기 위해 적극적으로 행동한다.
- 행동과 감정이 일치해서 활력이 생기고 피로가 줄어든다.
- 이 목표를 왜 달성하고 싶은지 목적의식과 방향성이 명확해져서 소신 있게 행동한다.
- 자신만의 가치를 추구하기에 타인의 삶과 비교하지 않는다.

이렇듯 핵심 감정을 분명하게 알면 자신의 상황을 능동적으로 받아들일 수 있다. 물론 안타까운 사실도 있다. 핵심 감정이 이렇게 중요한 역할을 하는데도 대다수 사람들은 남들과 비슷하게 세운 목표만 중요하게 여길 뿐, 그 목표를 떠올릴 때 생기는 나의 감정을 진지하게 들여다보고 이해하려는 시도가 부족하다. 어린 시절부터 대학 입시, 취업, 결혼 등 외부에서 주어지는 역할에 충실하는 방식으로 살아왔으니 어쩌면 당연한 결과이기도 하다.

물론 이렇게 살면서도 다양한 시기에 여러 가지 역할을 수행하는 과정에서 자신의 핵심 감정을 실감하는 계기를 만날 수 있다. 그런데 나이가 들고 시간이 지날수록 남들의 시선, 집단에서 괜히 튀고 싶지 않다는 생각 등에 익숙해지면서 핵심 감정을 망각하게 된다. 내가 공부를 열심히 해서 어떤 직업을 가지고 싶다면 이 목표에는 분명 나의 핵심 감정을 건드리는 순간이 있었을 것이다. 시험을 잘 치르고 좋은 대학에 가려는 것은 그 직업을 갖기 위한 수단일 뿐이다. 그런데 어느 순간 입시를 잘 치르는 것이 목적이 되면서 내가 왜 공부를 열심히 하고 싶은지, 공부를 통해 이루고 싶은 것이 무엇인지 자극하는 핵심 감정은 잊힌다.

그래서 어떤 목표가 생겼다면 그 목표를 달성하기 위해 구체적인 행동을 하는 것만큼이나 이 목표를 건드리는 핵심 감정이 무엇인지 항상 기억해야 한다. 목표를 이루는 과정에서 이런저런 변화가 생겨 계획을 변경할 수도 있다. 예를 들어 처음에는 요리를 잘하고 싶었지만 나중에는 요리보다 집 안을 예쁘게 꾸미는 데 더 몰두할 수도 있다. 구체적인 방법은 다르지만 요리와 홈 인테리어는 모두 행복한 가정을 만들고 싶다는 핵심 감정이 계기가 되어 설정한 목표이기에 나의 창의성을 발휘한다는 점에서는 아무 문제가 없다.

지금까지 설명한 내용을 요약하자면 나만의 창의성을 발현하는 데 결정적인 역할을 하는 것은 나의 핵심 감정이며, 이것을 발견하는 방법에는 크게 두 가지가 있다.

첫 번째는 목표를 설정하는 과정에서 어떤 감정이 드는지 구체적으로 느끼는 것이다. '지금 내가 느끼는 이 감정이 원하는 목표를 이루기 위한 실질적인 계기가 될 수 있을까?'를 스스로에게 질문해야 한다. 이 과정은 자신의 감정 상태를 스스로 점검하는 과정이라고 할 수 있다.

두 번째로 '지금 내 앞에 놓인 목표를 달성하는 데 필요한 감정을 스스로 만들어낼 수 있는가?'를 물어야 한다. 이 질문은 첫 번째와 반대되는데, 내가 달성해야 하는 목표가 주도적으로 만든 것이 아닌 외부에서 주어진 것일 때 필요하다. 반드시 처리해야 하는 업무가 있거나, 무조건 일정 수준에 도달해야 하는 과제가 생겼을 때 등이다. 이 경우 목표 자체가 내가 원하지 않는 것일 수도 있기에, 도움이 될 만한 감정을 스스로 만들어내야 한다. 승진하기 위해 전혀 관심 없는 분야의 자격증을 따야 한다면, 이 자격증을 취득함으로써 내가 얻는 이득이 나의 감정을 충족시킬 수 있어야 하는데, 이 과정을 설계하는 일은 오직 당사자만이 할 수 있다. 이 과정이 어려울 수도 있지만, 어떻게든 이 목표를 달성하겠다는 핵심 감정을 만들어낼 수 있다면 창의성을 발휘하는 일은 그리 어렵지 않을 것이다.

이러한 방법을 활용해 현재 우리 앞에 놓인 다양한 목표를 바라본다면 실질적인 결과물을 탄생시키기가 훨씬 수월해지는 것은 말할 필요도 없다. 여기서 그치지 않고 자신의 상황에 맞는 요령까지 하나둘씩 적용한다면 예전에는 미처 생각하지 못했던 새로운 방식이 떠오르는 더욱 긍정적인 효과를 얻을 수 있을 것이다. 또한 이 과정을 몇 번 되풀이하다 보면 나의 핵심 감정이 가진 힘을 어디에 어떻게 쓰면 가장 좋은 성과를 낼 수 있을지 알게 될 것이다. 이것이 바로 '나는 창조성, 창의성을 지닌 존재다'라는 사실을 확신하는 일이다.

## 가장 창조적인
## 나를 만나는 법

우리가 어떤 목표를 설정하고 나면, 그 목표를 달성하기 위해 다양한 활동을 병행한다. 이때 그 목표가 주변의 권유나 사회적 압박 때문이 아니라 나만의 핵심 감정을 바탕으로 세운 것이라면 그 목표를 달성하기 위해 실천하는 활동에는 나의 아이디어, 창의성 등이 더 많이 반영되는 것이 당연한 결과일 것이다.

  이 책을 쓰기 위해 자료를 조사하던 중, 문득 방금 설명한 이 개념이 현실에서도 그대로 적용되는지 확인해보고 싶었다. 그래서 우선 가까운 지인들 중 실제로 이런 경험을 한 사례가 있는지 찾아보았다. 그러자 생각보다 많은 이들에게서 비슷한 경우를 접할 수 있었다. 이런 분들을 어렵지 않게 찾을 수 있었던 이유는 무엇일까? 하나같이 자신의 분야에 매우 적극적이고 활력이 넘치며 항상 긍정적인 에너지가 느껴졌기 때문이다.

이들 중 몇몇에게 지금 하는 일을 시작하게 된 결정적 계기가 있는지, 어떤 감정의 변화로 지금의 직업을 선택했는지 취재했다. 그러자 놀라운 결과가 나타났다. 질문을 받은 이들은 하나같이 자신은 원래 이 분야 출신이 아니며 생각지도 못한 계기로 직업을 바꾸었는데, 어떻게 그 사실을 알았냐며 신나게 자신들의 이야기를 들려주었다.

### 도서관 사서에서
### 프로 미용사가 될 수 있었던 비결

나와 함께 일하는 김대표를 통해 소개받은 미용실이 있다. 청담동, 논현동에 있는 값비싼 브랜드 매장이 아닌 부천에 있는 작은 개인 미용실이다. 남자여서 꾸미는 것에 크게 민감하지 않아 처음에는 별다른 생각 없이 다녔는데, 서울에서 부천까지 가기가 점점 번거로워져서 영 내키지 않았다.

어느 날, 김대표는 서울에도 넘쳐나는 미용실을 마다하고 왜 이렇게 먼 곳까지 나를 데리고 가는 건지 궁금해졌다. 그날부터 미용실 원장을 가만히 살펴보니, 언제 만나도 굉장히 밝고 적극적인 성격이라는 것을 알 수 있었다.

카페든 미용실이든 개인 자영업을 하는 분들은 기본적으로 친절하고 밝은 태도를 가지고 있다 보니 처음에는 당연하다고 생각했는데, 어느 날 이분에게는 분명 미용업에 종사하게 된 결정적 계기가 있을 것 같다는 직감이 들었다. 그래서 원장에게 인터뷰를 요청했는데, 아니나 다를까 놀라운 사연을 들을 수 있었다.

이 원장은 처음부터 미용을 전공하고 헤어 디자이너가 된 케이스가 아니었다. 대학에서 문헌정보학을 전공하고 졸업 후 기업 도서관에서 사서로 근무했다. 도서 대출과 회수, 서가 분류 및 정리 등이 이분의 주 업무였다.

그런데 도서관에서 근무하는 동안 각 도서별 대출 기간이 정해져 있어서 직원들이 업무나 연구에 필요한 책을 대출하면 한창 일을 하다가도 마지막 날에 도서관까지 직접 와서 책을 반납하고, 다시 대출해야 하는 시스템을 불편해하는 상황이 유독 기억에 남았다고 한다.

특히 연구원들이 이 절차를 번거로워해서 전화로 대여 기간을 연장해달라는 부탁을 자주 했지만, 자신에게는 그럴 권한이 없었기에 매번 양해를 구하거나 실랑이를 벌어야 하는 것이 불편했다. 원장은 연구원들의 불편을 해결하고 싶어 회사에 건의도 해보고 이런저런 방법을 궁리해보았지만, 회사에서는 매번 규정을 지켜야 한다는 답변이 돌아와 끝내 해결하지 못했다. 그래서 어느 시점부터는 연구원들에게 미안하고 답답한 마음을 안고 근무를 했으며, 몇 년 후 결혼을 하면서 퇴사를 했는데, 마침 남편이 외국으로 장기 출장을 가게 되면서 생계 유지도 하고 시간도 보낼 겸 생각한 사업이 미용이었다.

자신에겐 미용사 자격증이 없지만 마침 친언니가 미용실을 운영했기에, 옆에서 기본적인 것만 배우고 일단 매장을 연 뒤 헤어 디자이너를 채용하면 자신은 관리만 하면 될 거라는 마음으로 무작정 시작하게 되었다고 했다. 이전 회사에서 시스템과 매뉴얼을 만드는 일을 했기에 별로 어렵지 않을 거라고 생각한 것이다.

그렇게 미용실을 오픈한 뒤 자신은 손님들의 머리를 감겨주거나 파마 약, 염색약을 조합하며 헤어 디자이너들을 보조하는 일을 했는데, 하루는 이런 생각이 들었다.

'염색약과 파마 약을 제조사 설명서대로가 아니라, 손님들 모발 상태에 맞추어 조합하면 더 효과가 날 것 같은데…….'

자신이 헤어 전문가는 아니지만 약품 설명서에서 제시하는 방법이 아닌, 각자의 모발 상태와 색깔에 적합하도록 배합을 다르게 하면 더 만족스러운 결과를 얻을 수 있을 것 같다는 확신이 들자, 다른 미용사들을 꾸준히 설득해 이를 반영하기로 했다. 그 결과 방문하는 손님마다 만족감이 컸고, 다들 단골이 되었다는 것이다.

염색이나 파마 후 기뻐하는 손님을 보면서 원장이 느낀 감정은 단순히 내 서비스를 받은 사람이 즐거워하는 걸 보면서 얻는 기쁨 이상이었다. 자신의 고민과 시도가 누군가에게 도움을 주었다는 데서 오는 자긍심과 행복은 자신이 살아 있음을 느끼게 했다. 이후 원장은 손님들의 눈동자와 피부색, 모발과 두피 상태를 더 열심히 관찰했고 급기야 미용사 자격증까지 취득했다.

원장은 그때의 상황이 지금도 생생한지, 설명하는 내내 입가에서 미소가 떠나지 않았다. 누군가를 더 만족시킬 만한 방법을 찾아내는 바로 그 시점이 원장에게는 자신만의 창의성을 발현하는 순간인 것이다. 그래서 이분에게 미용실은 단순히 생계를 해결하는 일터 이상의 공간이자, 누군가의 불편을 해결하고 지금보다 더 나은 삶을 살 수 있게 자신만의 창의력을 발휘하는 공간이다.

대기업 도서관에서 사서로 근무할 때는 아이디어나 창의성이 필요하지 않았다. 오히려 정해진 시스템을 따라야 하기에, 나의 아이디어를 주장하는 것은 다른 사람들의 일을 방해하는 것밖에 되지 않았다. 하지만 내가 운영하는 매장에서 손님을 직접 상대할 수 있게 되면서 머릿속에 떠오르는 다양한 아이디어를 창의적으로 시도할 수 있는 여건이 조성되자, 창의성이 폭발하면서 온갖 새로운 노하우가 떠오른 것이다.

물론 손님의 모발에 새로운 약품을 시도하는 것은 상당한 위험을 감수해야 하는 일이다. 그래서 원장은 손님들이 모르는 선에서 아주 조금씩 자신이 배합한 약품을 시도하면서 하나둘씩 자신만의 레시피를 만들어갔다. 작업 도중 어려운 부분, 궁금한 내용은 기억해두었다가 계속 연습하거나 자료를 찾아보고, 퇴근 후에도 머릿속으로 손동작을 상상하고 반복하며 몇 년이 흘러갔다.

원장이 소개해준 다양한 스타일링법 중에서도 유독 인상 깊었던 부분이 있다. 시중에는 수많은 파마 약과 염색약이 출시되어 있어서 대부분의 미용실에서는 이것을 종류별로 모두 구비해두고 손님이 요청하는 스타일에 맞게 사용한다. 그런데 원장은 두세 가지 약품만 사용한다고 했다. 이것이 가능한 이유는 손님의 머릿결을 파악하고 상태에 맞게 제품의 주입량, 시간, 온도, 타이밍, 바르는 방법 등을 모두 다르게 조절할 수 있기 때문이란다. 이러한 방식으로 모두가 원하는 효과를 낼 수 있으니 불필요한 제품을 쟁여두지 않아도 되고, 결과적으로 재고 부담이 확 줄어들면서 원가를 절감해 다른 미용실보다 가격을 절반 정도로 낮출 수 있었다. 손님들은 저렴한 비용으로 염색과 파마를 자주 해도 머릿결이 상하지 않으니 만족스럽고, 원장은 매출을 많이 올릴 수 있으니 하루하루가 행복한 것이다.

문헌정보학을 공부하고 기업에서 일할 때는 존재하는 줄도 몰랐던 자신의 재능이 퇴사와 생계 유지를 위한 창업이라는 위기 상황에서 드러나 미용이라는 완전히 낯선 분야에서 꽃을 피우고 성공과 행복을 거머쥐는 일, 이것은 모두 '상대의 불편을 해소'하고, '이미 주어진 시스템에서 벗어나 나만의 노하우를 만드는 일'을 할 때 느끼는 '만족감과 자긍심'을 자신의 핵심 감정으로 얻어낸 결과다.

이 원장은 학창 시절 '똥손'이라고 불릴 정도로 손재주가 없었지만 미용실을 운영하는 지금은 '금손'이 되었다며, 가끔은 자신도 이러한 인생 여정이 무척이나 놀랍다고 하셨다. 전공과는 전혀 다른 분야에서, 완전히 반대되는 방식으로 일하지만 그동안 몰랐던 핵심 감정을 발휘한 덕에 완전히 다른 인생을 살게 된 것이다.

### 아들의 시선으로
### 핵심 감정을 발견하다

얼마 전 엄청난 사교육이 아닌 전혀 다른 방법으로 아들의 적성을 살려 취업에 성공시킨 한 어머니를 만난 적이 있다. 그때는 몰랐지만 지금 돌이켜보면 이 어머니도 아들의 핵심 감정을 정확하게 파악했기에 뒤늦게 아들을 성공시킬 수 있었다는 확신을 얻었다.

"성현아, 너 지금 뭐 하는 거니?"
아들은 아직 말도 제대로 못 하는 어린아이였을 때부터 마트에 데려가면 카트에 잔뜩 담아놓은 과자를 하나만 남기고 나머지를 제자리에 갖다두었다. 어린아이가 과자를 마다할 리 없기에 처음에 어머니는 아이가 과자를 싫어하나 보다 생각했는데, 막상 집으로 돌아오면 딱 하나만 가져온 과자를 아무에게도 주지 않고 혼자서만 먹었단다. 어머니가 슬쩍 아들에게 다가가 하나만 달라고 하면 아이는 못 들은 척 과자봉지를 꽉 움켜쥐고 싫다고 고개를 저었지만, 뽀뽀를 해달라고 하면 곧바로 엄마 얼굴에 뽀뽀를 하곤 했다. 어머니는 아이가 왜 마트에서 과자를 딱 하나만 사려고 하는지 궁금하게 여겼는데, 정확한 이유는 고등학생이 되어서야 알 수 있었다.

　운동을 좋아하는 건장한 청소년으로 자란 아들은 승부 근성이 남달랐다. 친구들과 운동을 할 때도 항상 시합을 즐겨서 프로선수로 키우면 어떨까도 잠깐 생각했다. 하지만 프로선수가 될 정도로 운동 기량이 탁월하진 않아서 쉽게 결정을 내릴 수도 없었다.

　어느 날, 아들이 운동선수와 관련된 자료를 살펴보더니 어머니에게 이렇게 말했다.

　"엄마, 이왕 운동을 하려면 테니스를 해야 할 것 같아요."

　"왜?"

　"이걸 보니 운동선수 중에서는 테니스 선수 연봉이 가장 높거든요."

　좋아하는 종목보다 연봉에 관심이 많은 아들에게 잠시 당황했지만, 그 순간 어머니는 지금까지 아들이 했던 모든 행동이 퍼즐처럼 맞춰지는 기분이었다고 한다. 아들은 돈의 흐름에 관심에 많았던 것이다. 어린 시절 과자를 다시 제자리에 가져다놓은 건 과자를 많이 사면 가진 돈이 줄어드니 아까워서 한 행동이었던 것이다. 아들이 어릴 때부터 했던 조금은 독특한 행동은 모두 돈을 쓰는 일에 유독 민감하게 반응해서 나온 것이었다.

　어머니는 아들이 운동보다는 경제경영 분야로 나아가면 더욱 관심을 가질 것 같아서 금융 쪽으로 진로 계획을 세우기로 했다. 당시 아들이 공부를 아주 잘하는 편은 아니었는데 관심 분야를 넓혀주니 공부에 부쩍 재미를 붙일 수 있었고, 대학 전공도 금융 분야로 선택했다.

아들이 졸업 후 입사한 첫 직장은 기업의 가치를 평가하고 컨설팅을 해주는 기업이었다. 어머니는 아들이 재미있게 일할 수 있을 거라고 짐작했는데, 어쩐지 아들은 회사에 적응을 못 하고 금방 싫증을 냈다고 한다. 알고 보니 아들의 주 업무는 현장을 발로 뛰며 기업 가치를 파악하고 분석하는 일이 아니라, 책상 앞에 앉아서 서류로 기업 가치를 분석하는 행정 업무였던 것이다. 프로선수를 고민할 정도로 운동을 좋아하고 활동적이며 승부 근성까지 있는 아들에게 책상 앞에 종일 앉아 있는 회사 생활은 답답할 수밖에 없었다.

그러던 어느 날, 어머니는 우연히 인베스트먼트사에서 일하는 사람을 알게 된다. 이 분야가 금융과 관련 있고, 현장을 직접 다니면서 경쟁사보다 좋은 조건으로 기업을 인수해야 하기에 승부사 기질을 가진 사람이 어울린다는 사실을 알고 나서 아들과의 미팅을 주선한다. 아들을 만난 기업 관계자는 이 분야에 아주 제격일 것 같다며 적극적으로 영입을 제안하고, 아들 또한 그 분야에 관심을 보여 이직에 성공한 뒤 빠르게 적응하면서 직업

만족도 또한 크게 높아졌단다.

어머니의 관찰 덕에 표정도 밝아지고 긍정적인 태도까지 갖춘 이 아들은 회사에서 창의적인 아이디어와 기획을 더 많이 제안했고, 회사에서도 점점 좋은 평가를 얻으면서 지금 누구보다 만족스러운 직장 생활을 하고 있다.

사연만 놓고 보면 이 아들의 성공은 자신의 노력이 아닌 어머니의 세심한 관심과 지원으로 얻은 것처럼 보일 수도 있다. 하지만 사회생활 경험이 짧은 청년이 맹목적인 서열 경쟁에서 벗어나 자신이 하고 싶은 일을 찾고 재미와 성취감을 느끼려면 자신의 핵심 감정을 정확하게 이해하는 것이 얼마나 중요한지 보여주는 사례라고 생각한다.

이 청년이 특별히 머리가 좋거나 운이 따라준 것이 아니다. 누구나 자신의 핵심 감정을 충족시키는 요소를 발견한다면 더욱 적극적이고 의욕적인 모습으로 나만의 창의성을 발휘할 수 있다. 이를 위해 무엇보다 필요한 것은 자신의 감정이 궁극적으로 무엇을 지향하는지를 이해하는 것이다.

## 트라우마를 이겨내게 해준
## 핵심 감정

"정말이에요? 형, 대박이에요!"

가까운 지인 중 50세를 넘긴 나이에 배우로 데뷔한 형이 있다. 어느 날 형에게서 지상파 드라마의 주요 배역을 맡았다는 연락을 받았다. 형이 보낸 문자 메시지에는 촬영장에서 형사로 분장한 채 다른 배우들 및 제작진과 밝게 웃고 있는 사진이 담겨 있었다.

형의 삶이 나에게 더욱 특별하게 와 닿은 이유는 그가 배우가 되기까지 어떤 삶을 살아왔는지 너무나 잘 알고 있기 때문이다. 예전에 형은 색이 바랜 낡은 사진 한 장을 보여준 적이 있다. 귀여운 여자아이가 치마를 입고 포즈를 취한 모습이었다.

"누구예요? 되게 귀엽다."

"나야, 다섯 살 때 찍은 거야."

"네······?"

전라도의 작은 섬마을에서 태어난 형의 앞길을 막은 것은 바로 가난이었다. 어린 시절 형의 집안 형편이 너무 어려웠기에 그의 부모님은 새 옷을 사주지 않고 누나들이 입던 옷을 물려 입혔다고 했다. 당연히 동네 친구들은 치마를 입고 다니는 형을 놀렸고, 현실이 너무 싫었던 형은 성인이 되자마자 서울로 올라왔다. 당시 세상에서 가장 멋있어 보이는 직업이 연예인이라는 생각에 연예기획사에 취업했고, 로드 매니저로 사회생활을 시작했다.

형은 얼마 되지 않는 월급을 받으면서 항상 뛰어다니느라 고단한 생활을 이어갔지만, 멋있는 배우들과 함께 일하는 것에서 큰 위안을 받았다. 매사에 최선을 다했던 형은 연예계에서 크고 작은 성과를 내며 두각을 드러냈고, 시간이 지난 후에는 우리나라 드라마를 해외에 수출하는 에이전시 회사까지 설립했다.

그런데 내가 형을 처음 소개받는 자리에서 받았던 느낌은, 어쩐지 지금 하고 있는 연예인 매니저나 에이전시 CEO보다는 배우나 연예인과 더 가까워 보인다는 것이었다. 외모도 준수하고 재치와 순발력이 뛰어난 데다 결정적으로 본인이 연예인의 일에 관심이 많아 보였다. 이후 형과 점점 친해지면서 왜 연예인 매니저가 되었는지를 이해할 수 있었다. 사실 사람들의 주목을 받는 것을 좋아하고 끼도 많은데, 어린 시절 가난하다고 놀림받은 기억이 큰 상처로 남아 있다 보니 전면에 나서는 것이 어쩐지 두려웠던 것이다.

이러한 사정을 알고 나니 이후 텔레비전에서 형과 함께 일하는 유명 연예인들을 볼 때마다 여러 생각이 들었다. 무엇보다 저들이 현재의 위치에 있기까지 당사자들만큼이나 무대 뒤에서 심

혈을 기울였던 형의 열정과 노력이 얼마나 간절하고 뜨거웠을까 싶었다.

형은 자기 분야에서 어느 정도 성공을 거두어 결혼을 하고 가정도 꾸려 남부럽지 않은 인생을 살게 되었다. 기본적인 삶의 토대를 갖추고 나자 어린 시절 트라우마가 자연스레 치유되면서 과거에 찍은 사진이 더 이상 부끄럽게 느껴지지 않아 나에게 보여준 것이다.

그러던 어느 날, 내가 독립영화를 연출하게 되어 형에게 주연 배우를 맡아보라고 권했다. 처음에는 망설였지만 내가 연출하는 작품이고 제작 규모도 크지 않다 보니 큰 부담을 갖지 않고 배역을 맡기로 했다. 형은 한 번도 연기를 배워본 적이 없고 매니저 일을 하면서 어깨너머로 관찰한 것이 전부였기에 단시간에 필사적으로 연기 수업을 받으며 집중했고, 그 결과 함께 출연하는 다른 배우들 이상으로 훌륭하게 배역을 소화할 수 있었다.

이 경험을 계기로 스스로 포트폴리오를 준비하고 연예계에서 일하면서 쌓은 노하우를 활용하더니 지금은 배우로 활동하고 있다. 형의 핵심 감정은 어린 시절부터 남들 앞에 나설 때 느끼는 희열이었지만 현실적인 이유로 자신의 진짜 꿈을 제대로 발휘하지 못했던 것이다.

배우가 된 후 오랜만에 만난 형은 다이어트를 하고 체형 관리도 열심히 해서 이전보다 더욱 멋져 보였다. 연기 경력이 짧은 만큼 촬영장에서 실수하지 않기 위해 만들어낸 자신만의 다양한 연기 노하우와, 새로운 작품에 출연하게 된 과정을 신나게 이야기하는 형은 무척 행복하고 즐거워 보였다. 예전에도 매사에 적극적인 모습이었지만 지금은 에너지 자체가 달랐다.

### 자신도 몰랐던 성공의 이유

청년과 중장년층의 취업과 창업을 돕는 모 센터에서 강의를 할 때 유독 눈에 띄는 분이 있었다. 강의 보조와 이런저런 잡다한 업무를 도맡아 하시는데 언제 마주쳐도 즐거워 보였다. 처음에는 직원인 줄 알았는데 알고 보니 이곳 센터장이었다. 나중에 알고 보니 이름만 들어도 아는 대기업에 신입사원으로 입사해서 최연소 임원, 사장까지 역임한 굉장한 분이었다.

이처럼 높은 자리까지 가신 분이 어떻게 저렇게 낮은 자세로 일할 수 있지? 이분에게도 분명 핵심 감정이 있을 거란 생각이 들어 취재를 요청했고, 역시나 분명한 이유가 있었다. 바로 어린 시절 이웃들이 챙겨주는 바나나우유와 간식을 아버지께 양보하면서 느끼는 마음이었다. 나도 간식을 먹고 싶지만, 몸이 불편한 아버지께서 내가 드린 간식을 받고 좋아하는 모습을 보면서 기쁨을 느끼다 보니 '상대가 잘되기를 바라는 마음'이 센터장의 내면에 핵심 감정으로 자리 잡은 것이었다.

사회초년생 시절에 자신은 학벌도 스펙도 대단하지 못하다고 생각했기에 남들보다 빨리 성공하거나 진급하는 데는 큰 기대를 하지 않았는데, 지금 돌아보니 자신이 빠르게 성장할 수 있었던 비결은 능력이 아니라 남이 잘되기를 바라는 마음 덕분이었다고도 하셨다.

IMF 사태가 터져 전 직원이 퇴사를 할 때도 자신은 회사를 그만두지 않았는데, 그 이유 역시 홀로 회사를 지키려는 사장이 안쓰러워서라는 게 결정적이었다. 시간이 지나고 회사가 정상화되자 사장과 함께 회사를 지킨 공을 인정받아 최연소 임원으로 승진할 수 있었다. 고객사와의 업무 과정에서 문제가 생겨 위기에 처한 적도 있었는데, 그동안 보여준 성실하고 인간적인 모습에 감동한 고객사 담당자가 그 업무를 처리해주어 문제를 해결한 적도 있다고 했다. 고객사 입장에서도 센터장과 함께 일하는 게 매우 중요했기 때문에 기꺼이 번거로운 일을 대신해준 것이었다. 그러다 보니 영업실적은 다소 부족하다는 평가를 받았어도 여러 고객사의 평가에서는 최고점을 받아 고속 승진을 할 수 있었다. 수십 년의 직장 생활에서 얻은 많은 성과와 성취는

'저 사람, 저 기업이 잘되었으면 좋겠다'라는 감정에 충실했던 결과였던 셈이다.

혹시 이렇게 살면서 손해를 본 적은 없었냐고 묻자, 그런 적도 있지만 대신 더 많은 기회를 얻었다며 돕고 싶다는 마음이 있다는 게 다행이고 감사하다는 답변이 돌아왔다. 다만 나이가 들면서는 요령이 생겨 무턱대고 타인을 돕기보다 함께 고민하면서 방법을 찾아주는 게 더 필요하다는 생각이 들었고, 그때마다 마음이 시키는 선택을 하다 보니 은퇴 후에도 이 센터에서 누군가의 새출발을 응원할 수 있는 하루하루가 무척 즐겁고, 또 보람을 느낀다고 했다.

주변 사람들에게 센터장의 진정성이 전달되면서 센터를 지원하고 싶다는 연락도 자주 받게 되었고, 지금은 강의, 컨설팅, 행사기획 제안까지 받으면서 결과적으로는 현재 수입이 최전성기 때보다 더 많은 것 같다고 하셨다. 젊은 시절에는 성공이 스펙, 학벌, 운이 따라줘야 가질 수 있는 것이라고 생각했지만 지금은 생각이 많이 달라졌단다. 능력보다 중요한 것은 내면의 열정에 집중하는 것이며, 자신의 가치관을 충족시키며 사는 것이야말로 진정한 성공이라는 것도 이제는 확신한다고 했다. 핵심 감정이라는 단어는 몰랐어도 센터장의 인생은 핵심 감정이 이끄는 삶 그 자체였던 것이다.

지금까지 사례로 소개한 이들의 공통점이 있다. 다들 자신의 이야기를 하는 동안 나 역시 그들 못지않은 즐거움과 설렘을 느낄 수 있었다는 점이다. 자신의 삶과 직업에 가진 애착과 자긍심이 상대방에게도 고스란히 전해진 결과일 것이다. 앞에서 소개한 분들 외에도 이 책을 쓰기 위해 만난 분들은 하나같이 자신의 핵심 감정을 찾으려 노력했고, 내가 무엇을 할 때 가장 행복하고 생기 있는지 관심을 쏟으며 그 방향으로 한 걸음씩 나아가고 있었다. 이들이 일하면서 항상 행복과 보람을 느끼는 이유는 자신에게 맞는 방향성을 정확하게 찾은 결과일 것이다.

나와 이들의 사례를 지켜보면서, 자신만의 창의성을 마음껏 발휘하는 일이야말로 본인의 인생을 그 누구도 아닌 자기 자신을 위해 가장 올바르고 적합하게 살아가는 방식이라고 확신했다. 하루 24시간은 누구에게나 주어지지만 각자 느끼는 열정과 몰입의 정도에는 분명 차이가 있다. '나의 핵심 감정은 무엇이고, 이 감정을 바탕으로 어떤 삶을 살고 싶은가'를 스스로에게 당당하게 말할 수 있는 사람이라면, 그의 인생은 누구보다 뜨거울 것이다.

# 2부

# 핵심 감정을 활성화시키는 방법

# 감정이 활성화된다는 말의 의미

"우리 딸, 토끼가 그려진 이 빵 먹어볼까?"

"항아리 빛깔이 참 곱네. 이 색 그대로 내 마음에 담고 싶어."

"내 눈에는 그냥 밤하늘에 뜬 보름달인데?"

이 세 가지 대화에는 차이점이 있다. 조금 건조하게 해석하자면 세 가지 대화 중 마지막 대화에만 오류가 없으며 앞의 두 대화는 언뜻 어색하게 느껴진다. 대신 앞의 두 대화에서는 마지막 대화에는 없는 생경함이 느껴진다. 이 차이는 무엇일까? 대화에 자신의 감정이 담겨 있는지 여부다.

우리는 평소 어떤 대상을 객관적으로 인지하지만, 때로는 감정이 반영되어 그 대상과 관련 없는 다른 것을 떠올리는 경우가 있다. 이때 눈앞의 대상과 직접적인 관련이 없는 욕구를 느끼기도 하는데, 이 과정에서 뻗어나가는 다양한 생각과 감정이 창의성을 드러내는 행위로 이어지는 경우가 있다. 예를 들어 수십 년 만에 떠오른 슈퍼문을 그냥 달로 인식한다면 이후엔 아무 일도 일어나지 않는다. 그런데 어떤 제빵사가 슈퍼문을 보면서 동화 속 테마가 담긴 크림빵 데커레이션을 구상한다면, 혹은 디자이너가 누구나 즐길 수 있는 아이디어 상품을 떠올린다면 슈퍼문이 굿즈나 인테리어 소품으로 재탄생한다.

그래서 감정이 활성화된다는 것은 나의 창의성을 발휘할 수 있는 직접적인 계기가 생긴다는 뜻이다. 또한 그 대상에게 나의 핵심 감정이 투영된다는 증거이기도 하다. 그래서 감정의 활성화는 창의성 발현에 매우 중요한 요인이 된다.

### 감정이 활성화되는 조건

얼마 전, 출판사에서 근무하는 지인에게 공감되는 이야기를 들었다. 똑같은 책이나 원고도 집이나 사무실에서 읽으면 진도가 잘 안 나가는데 카페에서 읽으면 집중이 잘되고 내용도 더 잘 기억한다는 것이었다. 하다못해 일과 엮이면 평소 자주 보던 유튜브 채널조차 관심이 없어진다고 했다.

학창 시절 시험기간만 되면 평소에는 관심도 없던 책상 정리를 하고 싶어진 경험이 있을 것이다. 이제 공부를 좀 해보려고 책상 앞에 앉았는데 부모님이 "대체 공부는 언제 할 거야?" 하고 물으시면 나도 모르게 의욕이 사라졌던 경험도 마찬가지다. 육체노동은 고단하지만 보디 프로필을 찍기 위해 하는 운동은 아무리 격렬해도 신이 난다. 왜 이런 일이 생기는 것일까? 우리 무의식 속에 있는 두 가지 세계, 실질세계와 여분세계 때문이다. 고대 철학자인 아리스토텔레스가 주장한 개념으로, 창의성의 발현과 직접적인 관련이 있다. 지금부터 자세히 살펴보자.

## 우리의 무의식을 지배하는
## 실질세계와 여분세계

먼저 실질세계란 생존을 위해 행동하게 만드는 현실 영역이다. 일을 해서 돈을 벌고 밥을 먹고 사회생활을 하지 않으면 삶을 살아갈 수 없는데, 이런 일을 하도록 만드는 것이 실질세계다. 자본주의 사회에서 우리의 가치는 학벌, 경력, 스펙, 성性과 같은 외부 요인으로 결정되는데, 이 기준은 모두 상대적이다. 그래서 때로는 남과 비교하면서 우월감을 느끼지만 어떤 경우에는 상대적 박탈감이나 초라함을 느끼기도 한다. 생존과 직결되어 있기에 결코 외면할 수도 없다. 업무 때문에 읽어야 하는 책이나 자료, 부모가 시켜서 하는 입시 공부, 일당을 받기 위해 하는 노동은 모두 실질세계에 해당하며 이성적이고 논리적인 사고를 하도록 만든다.

그럼 여분세계란 무엇일까? 현실과 상관없이 자신만의 절대적인 가치를 위해 존재하는 세계다. 돈을 벌거나 누군가에게 인정받기 위해서가 아니라 오롯이 나의 만족을 위해서 하는 취미생활이 대표적이다. 자기계발을 위해서가 아닌 나의 감정과 마음을 충족시키기 위해서 하는 독서, 자격증을 따거나 제2의 직업을 만들기 위해서 하는 공부가 아닌 순수한 호기심 때문에 하는 공부, 좋아서 하는 운동 등이 모두 여기에 해당한다. 겉으로만 보면 모두 똑같은 행동이지만, 실질세계에서의 행동이 우리를 소모시킨다면 여분세계에서 하는 행동은 오히려 자아를 충족시키고 에너지를 얻는다.

그래서 감정을 활성화시키는 작업은 여분세계에서만 가능하다. 독일 심리학자인 칼 둔커Karl Duncker는 수많은 사람을 상대로 '촛불 문제'를 실험해, 여분세계가 활성화되는 것이 창의성과 직결된다는 것을 입증한 바 있다.

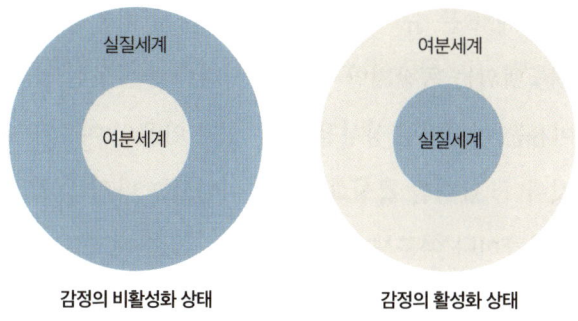

감정의 비활성화 상태 　　　　　　감정의 활성화 상태

　나의 경우, 책을 낼 때 실질세계에서는 내 책의 시장성, 판매량 등을 고민하지만 여분세계에서는 예술가로 활동하면서 깨달은 지식과 노하우를 더 많은 이들과 공유하고, 내 책을 읽는 사람들의 일상이 더 행복하고 풍요로워지기를 바라며 즐거운 상상을 하게 되니 아이디어가 자꾸 떠오른다. 공부도 마찬가지다. 인정받기 위해 공부한다면 나보다 점수가 더 높거나 학벌이 더 좋은 사람을 의식하느라 어떻게 하면 좋은 점수를 받을지 요령이나 노하우에 의지하게 된다. 대신 공부를 통해 달라져 있을 미래의 삶, 하고 싶은 일을 하면서 행복하게 살아가는 모습을 상상하면 자연스레 만족도가 높아져서 공부가 더 재미있게 느껴지고 동기부여도 잘 된다. 후자의 태도로 살아가는 사람이 아이디어도, 창의성도 더 많고 기발한 것은 두말할 필요가 없을 것이다.

앞에서 예로 든 슈퍼문 감상 상황을 다시 떠올려보자. 달을 바라보는 행위는 똑같지만 세 번째 사람에게 아무런 감흥이 없었던 이유는 이런저런 상상을 할 수 있는 마음의 여유가 부족해서일 것이다. 감정을 활성화시키기 위해서는 나의 상황을 이해하는 것만큼이나 여분세계를 인지하고 접근하려고 노력하는 것이 중요하다.

# 감정에는 정답이 없다

감정을 활성화시키는 것이 왜, 얼마나 중요한지 앞에서 설명했지만, 안타깝게도 우리의 현실은 거의 실질세계로 이루어져 있어서 일상에서 순수한 감정을 활성화시킨다는 것이 말처럼 쉬운 일은 아니다. 등수 매기기와 줄 세우기에 최적화된 교육 방식과 입시 제도, 그에 따른 채용 시험과 인재 평가 기준에 워낙 익숙해지다 보니 우리는 어떤 문제를 접했을 때 일단 정답을 찾으면서 자신의 사고방식을 정해진 틀에 맞추는 데 익숙해져 있다. 기업에서도 인재를 채용할 때 외부에 설명할 수 있는 객관적 기준이 있어야 공정하다고 생각한다. 일정한 스펙이 어느 정도 필수 조건은 되겠지만, 이런 기준이 지나치게 고착화되면 감성, 독창적 아이디어, 창의성 등을 발휘하는 데 제약을 받기 때문에 저마다 지닌 독특한 재능을 파악하지 못할 가능성이 크다.

나는 우리나라의 이러한 현실과 관련해 굉장히 아쉬운 경험을 몇 차례 한 적이 있다. 여러 곳에서 강연을 하다 보면 다양한 연령대의 관객을 만난다. 그들을 대상으로 행복한 커피를 그리는 실습을 해봐야겠다고 결심했을 때, 창의성을 드러내기 가장 어려워하는 집단은 당연히 어르신들이 많이 모여 있는 단체일 것이라고 예상했다. 그런데 실제로 강연을 해보니 가장 어려워하는 부류는 고등학생이었다.

고등학생들이 그린 행복한 커피를 살펴보면 일단 그림의 크기가 작았고, '행복'을 표현하는 데도 커피잔에 웃는 눈을 그리는 정도로 소극적이었다. 비슷한 그림을 자주 접하다 보니 실수하지 않으려 한다는 느낌을 강하게 받았다. 시험 점수와 등급에 예민하고 매사에 정답을 찾는 공부 방식에 가장 익숙한 시기여서 그렇겠지만, 한국의 교육이 학생들에게 어떤 영향을 미칠지 다각도로 생각할 수 있었다.

청소년뿐만이 아니다. 타인과 자신을 비교하며 자꾸 등수를 매기도록 만드는 요인은 거주 지역, 집 평수, 차종, 사용하는 물건, 여행 경험에 이르기까지 무궁무진하다. 고등학생들에게 입시가 세상의 모든 기준이 되어버린 것처럼 우리 또한 자신이 속한 곳에서 뭔지 모를 속박을 느끼고 자유롭지 못하다는 생각을 자주 한다면 감정에 충실할 수 없고, 창의적인 아이디어를 떠올리는 데도 부정적인 영향을 받을 수밖에 없다.

이러한 현실을 가장 쉽게 확인할 수 있는 공간이 바로 SNS다. SNS에 올리는 사진은 하나같이 멋있고 예쁘고 근사하게 나온 이미지, 남들의 감탄과 부러움을 살 만한 공간이나 명품이다. SNS 속 이미지가 그 사람의 삶 전체가 아닌 편집된 일부라는 걸 다들 알지만, 타인의 SNS를 구경하면서 저 사람의 편집된 모습과 나의 어느 부분을 자꾸 비교하다 보면 감정을 활성화시키고 나만의 자유로운 아이디어를 떠올리는 데 도움이 될 리가 없다.

아무리 멋있어 보이는 사람에게도 감추려 하는 부분은 반드시 있으며, 평범해 보이는 사람에게도 그만이 가진 매력이 있게 마련이다. SNS를 할 때 이런 특성을 알고 의식적으로 받아들인다면 아무런 문제가 되지 않겠지만 그렇지 못하다면 이런 소소한 행동 역시 걸림돌이 된다.

감정의 활성화를 가로막는 또 다른 요인으로 앞에서 언급한 사회생활을 들 수 있다. 직장을 다니든 가게를 운영하든 먹고살기 위해 일을 하는 건 매우 중요하고 숭고한 일이지만, 아무래도 생존과 직결되는 현실적인 문제들을 고민하다 보면 원하든 원하지 않든 감정을 숨기고 포장해야 하는 경우가 자주 생긴다. 이런 행위가 너무 불편하지 않고 어느 정도 자연스럽게 대처할 수 있다면 자존감을 지키면서 사회성을 기르는 데 도움을 주겠지만, 그렇지 못하고 매번 억압받는다는 느낌이 들거나 빈번하게 거짓말과 행동을 하게 된다면 시간이 지날수록 자신을 속이는 경우가 많아질 수밖에 없고, 결국 혼자 있을 때조차 자신의 감정을 솔직하게 들여다보고 인정하기가 힘들어진다. 그러니 감정을 자연스레 느끼면서 나다운 모습으로 살아가는 것도 점점 어려워진다.

내가 속한 미술계는 다른 직업군에 비해 비교적 자유로운 분야지만, 내 주변만 해도 일반 직장에서 생길 법한 일과 비슷한 일을 겪는 예술가를 종종 본다. 어느 작가든 자신의 작품이 다른 작가들보다 비싼 가격을 받아 순위 경쟁에서 우위를 점하고 싶어 한다. 동료 작가가 주목을 받으면 위기의식을 느끼고 권위 있는 미술관이나 기업의 제안은 자신이 먼저 받아야 한다고 생각한다. 타고난 개성과 세계관대로 활동하는 예술계도 이러하니 매출, 직급, 연봉, 상하관계 등이 곧바로 직결되는 일반 기업이나 사업장에서의 경쟁은 더욱 치열할 수밖에 없을 것이다.

20년 넘게 창작 활동을 하면서 전시기획자, 큐레이터, 컬렉터

등 미술계 지인들과 대화를 나눌 때마다 모두가 언급하는 독특한 사실이 있다. 그림을 바라보면 그 작가의 감정이 작품을 통해 고스란히 전해진다는 것이다. 어떤 감정적 억압이나 부정적인 에너지 없이 자유롭고 순수한 마음으로 작품 활동을 하는 작가의 작품은 감상자에게도 좋은 기운을 전달하는 반면, 뭔가 찜찜하고 불편한 감정이 느껴지는 작품의 경우 알고 보면 그 작가에게 실제로 부정적인 에너지가 있다는 것이다. 무생물인 그림에서도 그 작가만의 '아우라'가 영향을 미친다고 생각하면 놀라우면서도 때로는 두렵다.

이러한 현상이 비단 예술계에만 존재하는 건 아닐 것이다. 회사에서 작성하는 서류 한 장, 공장에서 만드는 물건, 개인이 만드는 작은 소품, 요리, 글 몇 줄에 이르기까지 세상의 모든 창작물에는 그 주인의 감정과 마음 상태가 담겨 있어서 그것을 접하는 사람에게 고스란히 전달된다. 이러한 원리를 논리적, 이성적으로 완벽하게 설명할 수는 없겠지만 어떤 상품, 공간, 서비스 등을 이용할 때 느끼는 자신만의 감정이 있을 것이다. 나의 감정이 내가 하는 일, 내가 만들어내는 결과물에 새겨진다고 생각하면 나의 고유한 감정을 순수하게 잘 활성화시키는 것이 얼마나 중요한지 실감할 수 있다.

## 창의성을 해치는 두 가지, 사회성과 서열

나의 창의성을 드러내는 데 있어 감정의 활성화를 방해하는 가장 큰 두 가지 요인을 꼽아보자면, 단연 지나친 사회성과 서열화라고 할 수 있다. 물론 누구나 사회 구성원으로서 살아가기에 이를 완전히 외면하기란 불가능하다. 따라서 이 두 가지 요인이 왜 창의성을 발현하는 데 악영향을 미치는지, 감정과의 직접적인 상관관계를 이해하고 자신에게 적합한 방식으로 대처하는 것이 중요하다. 지금부터 설명해보겠다.

### 지나친 사회성

사회에서 우리는 타인과 교류, 공유, 공감, 연대, 소통을 하며 이 과정에서 많은 경험과 학습을 한다. 시간이 지날수록 사회의 정서와 질서에 자연스레 익숙해지면 그것이 알게 모르게 나의 내면에 영향을 미치면서 예의, 도덕, 상식을 쌓게 하고 좀 더 강력하게 규칙, 질서, 규제, 관념에도 적응한다. 우리 대다수가 이 기준과 원칙에 동의하고 따르기에 사회의 질서가 유지되는 것이다.

그런데 창의성의 발현이라는 관점에서 보자면 이 모든 사회적 합의는 누구나 납득하는 보편성을 기준으로 삼기에, 누군가의 독특한 생각은 별다른 공감을 얻지 못하거나 그릇된 것으로 치부될 수 있다. 새로운 기술과 발명품의 등장이 지지를 받을 수도 있지만 비난이나 배척의 대상이 될 수도 있다. 새롭다는 것 자체가 보편타당성의 기준에서 벗어나기 때문이다.

하지만 아이러니하게도 나의 창의성을 반영한 결과물이 모두에게 인정받기 위해서 가장 필요한 것은 사회적 공감이다. 나에게만 의미가 있고 아무도 공감하지 않는 아이디어는 한낱 망상의 결과물 정도로 치부되고 만다. 이러한 점은 새롭게 출시되는 모든 상품과 서비스는 물론이고 나 같은 예술가에게도 적용된다. 작가들이 선보이는 작품 역시 미술계가 추구하는 가치에 부합되지 못하면 발표할 기회조차 얻지 못한다. 반대로 대다수의 공감을 얻는다면 그 상품은 이전의 어떤 작품으로도 대체할 수 없는 고유한 가치를 인정받아 엄청난 인기와 인정을 얻게 된다.

나 역시 예술 작품이 가진 이러한 의미와 특성을 잘 알기에, 활동을 하면서 가장 중요하게 고민하는 질문이 '어떻게 하면 가장 주관적인 감정을 가장 객관적으로 표현할 수 있을까?'이다. 어떤 일을 하든 마찬가지다. 사회의 특성을 이해하고 이를 기반으로 자신만의 창의성을 발현하기 위해서는, 자신의 핵심 감정이 무엇인지 알고 핵심 감정을 기반으로 사회에 어떤 가치를 전하고 싶은지 본인의 기준을 분명하게 세워야 한다.

## 서열

많은 이들이 선호하는 대상에 포함되기 위해서는 필연적으로 서열 경쟁을 벌일 수밖에 없다. 하지만 창의성의 발현이라는 관점에서 본다면 서열이라는 것 자체가 자유로운 상상과 아이디어의 발상을 어렵게 만들 수 있고, 다수가 좋아하고 익숙해하는 기준에 자신을 맞추면서도 타인보다 앞서야 한다는 생각에 사로잡힐 경우 결과적으로는 감정의 활성화를 저하시키는 요인이 될 수 있다.

그래서 서열을 중시하면서도 나만의 창의성을 지켜내기 위해서는 그 서열이 왜 만들어졌는지 명확하게 이해해야 한다. 대학이나 기업의 순위, 공모전, 자격증 시험, 오디션, 입찰 현장 등에서는 항목에 따라 점수를 매기는데, 이것은 모두 주최 측에서 자신들의 목적을 달성하기 위해 세운 기준이다. 따라서 원하는 서열 그룹에 포함되지 못했다는 것은 내가 주최 측의 기준에 부합하지 못했다는 것이지 내가 가진 핵심 감정과 아이디어, 가능성 자체에 하자가 있다는 뜻이 아니다. 물론 원하는 결과를 얻지 못하면 일시적으로는 실망할 수 있지만 이럴 때 먼저 생각해야 하는 점은 이 기준 자체가 자신의 근본적인 가치와 직결되는 것인지를 자문하는 일이다.

서열의 기준에 대해 한 번쯤 고민해보면 좋을 몇 가지 사항이 있다. 첫째, 내가 서열에 포함되고 싶은 이유가 무엇인지 고민해보는 것이다. 사실 내가 정말 원하는 바는 아니지만 그 서열이 모두에게 정답인 것처럼 선호되는 분위기여서 나도 동참하고 싶은 것인지, 혹은 부모나 상사 등 권위자의 요구 때문인지 생각해보는 것이다. 만약 이러한 경우에 해당한다면, 설령 피나는 노력 끝에 서열 집단에 속하더라도 자신의 핵심 감정과 무관하기에 허탈감을 느끼고 방향성을 잃을 수도 있다.

둘째, 서열 정보를 다양하게 확보하는 것이다. 우리는 대체로 자신의 생활 반경 내에서 필요한 정보를 얻는데, 그러다 보면 자칫 그 범위 내에서만 유효한 정보에 집착할 가능성이 있다. 세상에는 정말 다양한 기회가 있기에 살펴보는 매체와 채널, 만나는 사람, 자주 방문하는 장소 등의 반경을 넓혀보는 것은 생각보다 중요하다.

마지막은 다양한 서열 기준 중 자신의 핵심 감정이 지향하는

| 내면의 상태 | 우리의 반응 | 감정 | 키워드 | 창의성 |
|---|---|---|---|---|
| 감성-활성화 | · 대상을 적극적으로 수용한다<br>· 상상력이 발휘된다<br>· 스토리텔링이 쉽다<br>· 동기부여가 된다<br>· 어떤 느낌을 말로 설명하기 쉽다 | 즐거움<br>호기심 | 창의, 창조<br>발전, 변혁<br>(여분세계) | ▲ |
| 표준-중립 | · 상황에 맞게 대상을 수용한다<br>· 이성과 감성 사이에서 고민한다 | 선택 | 균형, 현실 | |
| 이성-비활성화 | · 대상을 수동적으로 수용한다<br>· 객관적 사실에 의거한다<br>· 명확하다<br>· 인식하기 쉽다 | 없음 | 수동, 관조<br>(실질세계) | |

내면 상태에 따른 감정의 활성화 정도

바와 가장 적합한 곳을 선택하는 것이다. 서열에 따른 평가에 휘둘리지 않고 나의 성장을 위해 서열을 역으로 활용하는 것이다. 이런 선택을 할 수 있다면 결과가 좋든 나쁘든 상관없이 내가 시도했던 모든 경험과 노력을 성장을 위한 유의미한 경험으로 남길 수 있을 것이다.

## 예술을 가까이하면
## 누구나 아이가 된다

누군가와 좋은 관계를 유지하기 위해서는 자주 만나서 소통하고 교감하는 시간을 가져야 한다. 이 과정에서 서로를 위로하고 때로는 오해와 서운함도 풀면서 돈독함을 유지해 두터운 신뢰를 형성하게 된다. 여기서 관계가 좀 더 발전한다면 함께 즐거운 일을 도모하면서 행복한 감정을 활성화시키기도 한다. 만약 스펙이나 직급 같은 사회적인 조건을 전제로 하지 않고 그대로의 모습을 공유할 수 있는 사이로 발전한다면 더없이 좋은 관계가 될 것이다.

자기 자신과 관계 맺는 방식도 이와 마찬가지다. 우리의 감정이 잘 활성화되기 위해서는 부정적인 영향을 미치는 사회적 요인에서 벗어나 나의 깊은 내면과 솔직하게 대면하는 시간을 자주 가져야 한다. 나 자신과 돈독하게 지내는 시간이 필요한 것이다.

그런데 나 자신을 만난다는 것이 구체적으로 무엇을 의미하는지 모호하고 난해하게 느껴질 수 있다. 앞에서 소개한 '나의 감정을 자극하는 대상을 발견하기'가 핵심 감정을 찾는 좋은 방법이 될 수 있다면 진짜 나를 만나는 여정은 '예술이 가진 힘'으로 가능하다. 그러면 예술을 통해 진짜 나를 발견해야 하는 이유는 무엇일까? 바로 여분세계에 접근하기 위해서이다.

그래서 지금부터는 예술을 통해 진짜 나를 만나는 구체적인 방법을 소개하겠다. 크게 두 가지로 구분할 수 있는데, 첫 번째는 예술을 적극적으로 '감상'하는 것이고, 두 번째는 내가 생산자가 되어 예술을 '직접 창조'하는 것이다.

우리가 누군가와 관계를 맺을 때 신뢰를 쌓으려 하는 이유는 혹시라도 그 사람과 갈등이 생겼을 때 관계를 회복하기 위해서이다. 진짜 나를 발견하고 나 자신을 신뢰해야 하는 목적도 동일하다. 자신과의 관계가 돈독해질수록 감정이 활성화될 때 쓸데없는 자기검열을 하지 않고 스스로를 의심하지도 않는다. 기발하고 독특한 나만의 창작 활동은 바로 여기서 시작된다.

공중파 방송이나 여러 OTT, 유튜브 채널들을 통해 어린 시절부터 예술을 가까이하는 것이 정서 발달에 도움을 준다는 이야기가 있다. 그런데 이런 시간과 경험이 우리에게 구체적으로 어떤 영향을 미치는지, 그래서 우리 인생이 어떻게 나아진다는 것인지는 쉽게 와닿지 않는다. 때로는 하나 마나 한 소리 정도로 모호하게 다가오기도 한다. 예술을 경험한다는 건 맛있는 음식, 멋진 옷, 명품처럼 눈으로 보고 손으로 만지는 구체적인 행위가 아니기 때문이다. 당장 나의 일상에 즉각적으로 활용할 수 있거나 눈에 띄게 변화를 일으키지도 않는다. 그래서 여기서는 예술이 우리에게 선사하는 구체적인 힘과 영향력을 내가 직접 경험한 몇 가지 사례를 통해 소개하고자 한다.

## 미술을 즐기면 벌어지는 일

예전에 문화예술 투어 프로그램을 진행해달라는 요청을 받은 적이 있다. 참가자들과 서울 광화문 일대의 미술관과 거리에 설치된 조형물들을 함께 감상하고 소감을 나누는, 〈곳곳이 미술관〉이라는 프로그램이었다. 어느 미술관의 대규모 전시장을 방문해 한 작품 앞에서 작가와 관련된 역사를 설명하게 되었는데, 하필 그날 감상하는 작품 다수가 추상적인 것들이어서인지 참가자들이 어려워하는 기색이 역력했다.

그날 전시장에서 감상한 작품들은 대형 스크린을 통해 숲속 풍경을 보여주는 미디어 아트, 벌거벗은 남성이 미동 없이 서 있는 뒷모습을 보여주는 흑백 동영상, 사막처럼 보이는 모래벌판 위에 형태를 알아보기 힘든 작은 실루엣 몇 개가 떠 있는 사진, 도시에서 흔히 볼 수 있는 건물에 간판이 엄청나게 걸린 평범한 회화 등이었다. 미술 중에서도 난해하기로 알려진 실험 작품이 대부분이어서인지 작품을 감상하면 할수록 분위기는 더욱 가라앉았고, 급기야 참가자 중 한 명이 이런 말을 했다.

"작가님, 제가 아직 예술을 잘 몰라서 죄송할 따름입니다……."

이 상황을 어떻게 설명해야 할까? 나 역시 당황스러워 잠깐 고민하다가 방법을 한번 바꿔보기로 했다. 우선 지금처럼 작가의 생애나 미술 사조를 알려주는 것에는 한계가 있고 별로 공감도 되지 않으니 예술가들이 이러한 활동을 하는 원인을 최대한 쉽게 설명해보기로 했다.

그러기 위해 제일 먼저 감안해야 할 점은 디자인과 예술의 차이였다. 디자인에는 실질적인 목적과 기능성이 존재한다. 화살표는 혼잡한 도로에서 직관적으로 사고를 방지하게 만들고 광고 이미지는 제품의 장점과 매력을 보여주어 매출을 증대시키며, 기업 로고는 색상과 폰트 등으로 브랜드 이미지를 단번에 각

인시키기 위해 존재한다. 그래서 디자인은 패션이든 공산품이든 도로 표지판이든 언제나 합리성과 개연성을 고려해 기획, 설계한다. 반면 순수예술은 이러한 목적이 필요 없다. 오직 예술가가 자기 생각을 표현하는 데 집중하기에 무엇을 창작하든 작가가 의도하기 나름이며, 소재와 표현 방식에도 제약이 없다.

예를 들어보자. 밤하늘에 뜬 보름달을 단팥빵으로 보든 사랑하는 연인의 밝은 미소로 보든 이것도 예술이 될 수 있다. 전시장에 설치된 흑백 동영상 속 벌거벗은 남자도 마찬가지다. 이 예술가의 의도를 직관적으로 이해할 순 없지만 작가의 어떤 생각을 흑백의 알몸 남성으로 표현한 것이다.

이 말대로라면 '예술은 아무짝에도 쓸모없는 것이 아닌가?' 하는 생각이 들 수도 있지만 전혀 그렇지 않다. 우리는 예술에서 인류의 미래를 바꿀 만한 지표를 발견하기도 하고, 미처 생각하지 못했던 인사이트를 얻기도 한다.

고흐는 살아생전 주목받지 못한 비운의 화가로 유명하다. 고흐가 활동하던 시기에는 사진 기술이 발전하지 않아서 실제처럼 그린 그림이 인기가 많았다. 하지만 고흐가 사망한 후 사진 기술이 보편화되면서 사진이 그림을 대체하자 고흐의 감정을 고스란히 엿볼 수 있는 구불구불한 붓 터치, 특유의 색감, 형태가 정확하지 않은 반구상적 표현 기법 등에 사람들이 흥미를 느

〈밤의 프로방스 시골길〉, 빈센트 반 고흐, 1890년

끼기 시작한다.

미디어 아트 창시자인 백남준 작가는 비디오 아트의 선구자로도 손꼽힌다. 그의 대표작인 〈호랑이는 살아 있다〉는 전 세계 77개국에 실시간으로 방송을 송출하는 위성 아트로, 네트워크 개념을 포괄한 전시다. 당시에 이 개념은 정말 생소했다. 하지

만 불과 20여 년 만에 전 세계는 미디어 없는 일상은 상상이 되지 않을 정도로 달라졌다. 백남준 작가의 철학과 작품이 미디어의 영향력을 알리는 선구자 역할을 한 셈이다. 미국의 주요 갤러리인 가고시언Gagosian은 백남준의 이러한 천재성을 일찌감치 알아보고 그의 작품을 선점해 컬렉션의 가치를 높이고 있다.

프랑스의 예술가 마르셀 뒤샹Marcel Duchamp도 빼놓을 수 없다. 그는 어디서나 쉽게 볼 수 있는 남성 소변기를 미술관에 전시해 엄청난 화제를 모았는데, 이 작품을 통해 같은 대상을 다른 관점으로 바라보는 것 또한 예술이 될 수 있다는 개념미술의 시작을 알렸다. 사물을 겉으로 보는 이미지로 인식하는 것이 아닌, 그 사물을 바라보는 관점이 더 중요할 수 있음을 일깨우는 계기 또한 마련해주었다.

큐레이터, 미술 평론가, 인문학자들은 바로 이러한 관점으로 작가와 그들의 예술 활동을 연구해 그 안에 담긴 가치를 발견하고 이를 세상에 전달하기 위해 전시를 기획하거나 글을 쓰거나 강연을 한다. 작가가 자신의 생각과 가치관을 작품을 통해 계속해서 드러내는 이유는 아직 다수의 사람들은 느끼지 못하는 어떠한 가치를 발견했기 때문이다. 예술가를 흔히 영매靈媒라고도 부르는 이유는 바로 이 때문이다.

이러한 이유로 예술가가 선보이는 작품들, 더군다나 추상적

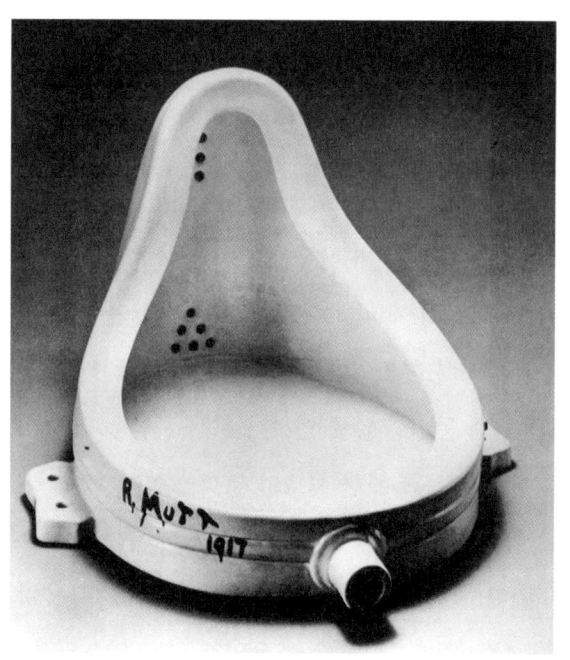

〈샘〉, 마르셀 뒤샹, 1917년

인 작품들을 우리가 쉽게 이해하지 못하는 것은 지극히 당연한 현상이다. 누구든지 자신이 예술가라고 가정하고 어떤 사물을 자신만의 관점으로, 감정대로 아무런 제약 없이 표현하는 모습을 상상한다면 그 행위가 바로 예술이 될 수 있으며 자신만의 가치를 담은 예술품을 선보일 수도 있다.

이러한 설명을 마지막으로 나는 더 이상 미술사나 미술 지식을 언급하지 않고 남은 시간에는 자율 관람을 하도록 안내했다. 그런데 한 시간 뒤, 미술관 출구 앞에서 참가자들이 나오기를 기다리고 있는데 예상치 못한 일이 벌어졌다. 사람들이 아무도 나오지 않는 것이었다. 뭔가 이상하다 싶어 전시장 안으로 다시 들어가니 참가자들이 저마다 마음에 드는 작품 앞에 서서 완전히 몰입한 채 감상하고 있었다. 그 모습이 어찌나 놀랍던지! 어떤 참가자는 흑백 동영상 앞에 멍하니 서서 한참을 감상하고 있었고, 몇몇 분은 작품에 관한 서로의 생각을 이야기하느라 정신이 없어 보였다. 전시관 입구 쪽으로 돌아가서 아까 지나쳤던 작품을 다시 관람하는 분도 있었다. 지금까지 여러 전시에 참여했지만 관객들이 이렇게까지 작품에 몰입해 있는 모습을 본 것은 처음이었다.

정해진 관람 시간이 지나서야 전시장을 나선 참가자들에게 소감을 물으니, 다들 어려워하고 지루해하던 모습은 온데간데없고 다들 흥미로운 후기를 들려주어 또 한 번 놀랐다.

A씨는 자신이 평소 산림욕을 좋아하는데 숲에 혼자 서 있는 남자와 같은 자세로 스크린을 계속 바라보다 보니 어느새 자신이 나무가 된 것 같다는 생각이 들었다고 했다. 자신을 나무라고 생각하면서 계속 동영상을 보니 이번에는 바람 소리, 풀벌레 소

리, 새소리가 더욱 선명하게 들렸고, 인간 역시 자연의 일부임을 절감하면서 지루함은 사라지고 마음이 평온해졌다고 했다. 생각이 여기까지 미치자 화면 속 남자가 옷을 벗은 것이 이해가 된다고도 했다.

"혹시 선생님은 미술관이나 전시장에 가면 한 가지 작품을 이렇게 오래 감상하는 편이세요?"

"아뇨, 오늘이 처음이에요. 살다 보니 이런 경험도 하네요. 오랫동안 기억에 남을 것 같아요."

B씨는 금융회사에서 일하는 분으로 직장 동료와 함께 왔다고 했다. 그는 어느 건물에 수많은 간판이 걸린 그림을 보면서 간판에 적힌 업종과 건물 규모를 살피다가, 순간 미소를 지으며 서로를 바라보았다고 했다. 이 건물 하나만 매입하면 온갖 금융상품을 다 판매할 수 있을 것 같고 할 일이 정말 많겠다는 생각이 들어, 자신의 입장에서는 그야말로 초대박일 것 같다는 의견이었다. 이분은 감상 소감을 말하던 도중 갑자기 표정을 바꾸며 "그런데 이런 식으로 작품을 비하해도 괜찮나요?"라고 조심스레 물었다.

"전혀 상관없습니다. 작품을 감상하면서 자신만의 생각을 떠올리고 나의 일상을 투영할 수 있는 것이 작품 감상의 매력이니까요. 실제 작가의 창작 의도와 차이가 날 수는 있지만, 작품을 보면서 생각의 범위를 확장해볼 수 있는 것도 감상의 즐거움이죠. 세계적인 팝 아티스트 앤디 워홀도 자본주의의 상징인 달러를 작품의 소재로 삼고 자신의 작업실을 공장Factory이라고 부르며 상업성을 드러냈잖아요. 예술을 즐기는 데는 아무 제약이 없습니다."

C씨는 끝없이 펼쳐진 적막한 사막을 보는 동안 복잡한 개인사로 고군분투하는 자신이 떠올랐다고 했다. 그 순간 슬픔이 밀려왔는데, 작품 끄트머리에 어렴풋이 자리한 실루엣을 보고 희

〈달러 사인〉, 앤디 워홀, Caixa Forum 전시, 스페인, 2018년

망을 발견했다고 소감을 밝혔다. 언뜻 오아시스 같기도 하고, 함께 이 사막을 건너가줄 동료인 것 같기도 해서 자신도 모르게 위안을 느꼈다는 것이다.

세 사람 외에도 다른 참가자들은 저마다 감상한 작품에 대해 이런저런 이야기를 털어놓았다. 조금 전까지만 해도 지루하고 따분한 표정을 짓던 사람들이 맞나 싶을 정도로 다들 자신의 감정과 생각을 적극적으로 표현하는 방법이 매우 인상적이었다. 이날의 프로그램이 성황리에 끝난 것은 너무나 당연한 결과였다.

프로그램을 마치고 돌아오는 길에, 참가자들이 초반에 왜 작품 감상을 힘들어했는지 가만히 생각해보았다. 알고 보니 참가자들에게 이 프로그램은 회사가 제공하는 교육 과정의 일환이었다. 말하자면 업무차 반드시 수강해야 하는 프로그램처럼 의무적으로 들어야 하는 필수과목 내지는 점수를 따야 하는 강의 같은 것이어서 공부해야 한다는 마음으로 참가했던 것이다. 마음을 쉬게 하고 정서를 발달시키는 데 도움이 되어야 할 작품 감상이 업무의 연장선이 되었던 셈이다.

생각이 여기까지 미치자 중학교 때의 미술 시간이 떠올랐다. 그때도 반 친구 대부분은 미술 실기를 굉장히 곤혹스러워했는데, 그리고 싶은 대로 자유롭게 그리는 시간이 아니라 내신 성적에 반영되는 미술 점수를 따기 위해 그려야 하니 스트레스를 많이 받았던 것이다. 미술이든 음악이든 체육이든, 예체능을 배우는 가장 본질적인 목적이 우리나라에서는 많이 왜곡된 것 같아 무척이나 안타깝게 느껴졌다.

우리에게 이러한 상황이 익숙한 이유는 항상 외부에서 제시하는 기준대로 평가받는 데 너무나 익숙하기 때문이다. 다른 것은 틀린 것으로 간주되고 틀린 부분, 튀는 부분, 남들과 다른 길을 가서 발생하는 문제에 대한 책임도 고스란히 자신에게 돌아오는 환경이 당연하다고 생각한다. 이런 환경일수록 예술을 자주 감상함으로써 무난하고 일반적인 조건에서 벗어나 다른 관점과 시각으로 사물을 바라보고 동기부여를 얻는 연습을 해보는 것은 대단히 중요하다. 예술을 감상하는 주체는 철저히 나 자신이고 내 감정의 주인은 나 자신임을 잊지 않게 해주기 때문이다. 예술을 감상할 때만큼은 눈앞에 펼쳐진 작품의 이미지가 아닌, 그 이미지에 투영된 나의 감정에 집중할 수 있다. 예술품을 감상하면서 떠올리는 생각, 감정, 아이디어는 오로지 나만이 할 수 있는 이야기이기에 이 시간이야말로 나를 알아가고 이해하는 과정이 된다.

관계 회복을 위해 가장 필요한 것은 서로를 이해하는 과정이다. 타인과의 관계뿐 아니라 나 자신과 관계를 맺을 때도 마찬가지다. 예술품을 가까이하고 자주 감상할수록 진짜 나를 잘 이해하고, 나와 좋은 관계를 맺으며 더 나아가 나의 감정을 자유롭게 활성화할 수 있는 이유다.

나는 외부에서 특강을 할 때마다 참가자들에게 항상 같은 질문을 던진다. 미술관 관람 경험이다. 한 번이라도 미술관에 가 본 적이 있다고 답하는 비율은 통상 5퍼센트 미만이다. 그런데 5퍼센트 미만의 대다수는 새로운 전시가 열리면 흥미를 느끼고 재방문을 한다. 미술관을 완전히 낯설게 느끼는 사람이 대다수이고, 미술 감상의 재미와 매력을 알고 반복해서 경험하는 사람은 굉장히 소수인 셈이다.

사실 조금만 찾아보면 우리 주변에 훌륭한 미술관과 전시장이 굉장히 많다. 또한 세계적으로 인정받는 예술가들의 조형물이 길거리나 건물 주변에 생각보다 많이 설치되어 있어서, 우리나라의 공공미술 수준도 상당하다는 것을 알 수 있다.

그런데도 미술 감상을 어려워하는 사람들이 많은 이유는 미술에 접근하는 경험이 익숙하지 않기 때문일 것이다. 게다가 언론이 보도하는 고가 미술품 경매 뉴스는 예술이 주는 정서적 가치를 제대로 알기도 전에 위화감부터 느끼게 해 미술을 더욱 낯선 대상으로 느끼게 만든다. 하지만 고가의 미술품 경매는 예술품을 투자 목적으로 소장하려는 극소수 부자들에게만 해당할 뿐, 일상에서 자유롭게 감상할 기회는 누구에게나 열려 있다. 무료인 곳은 물론 일정 인원이 단체로 도슨트 프로그램을 신청하면 친절하게 가이드를 해주는 전시도 있어서, 작가의 일대기부터 작품과 관련된 흥미로운 이야기도 쉽게 접할 수 있다. 이런 공간을 통해 나의 감정을 느끼고 그 작가의 서사에서 느껴지는 핵심 감정도 함께 이해하는 시간을 자주 가지다 보면 어느새 감정이 활성화되는 것을 확인할 수 있을 것이다.

미술을 좀 더 친숙하게 감상하는 방법으로 또 하나 추천하는 것은 작품을 소장하는 것이다. 가격이 고민스럽다면 키아프 KIAF, 화랑미술제 같은 메이저 아트페어보다는 지역에서 주최하는 신진 작가 대상의 아트페어를 추천한다. 관련 정보도 간단한 검색이나 네오룩neolook.com 같은 전시정보 포털사이트에서 쉽게 찾을 수 있으며, 각자의 사정에 맞게 구매할 수 있는 작품도 상당수 구경할 수 있다. 어느 정도 여유가 된다면 메이저 아트페어, 인사동이나 강남 일대에 위치한 상업 화랑, 옥션을 찾아가는 방법도 좋다. 예술가의 활동 경력이 오래되어서 작품 가격이 고가로 측정되어 있다고 그 작품 수준이 반드시 탁월하다고 할 수는 없으니 처음에는 다양한 장소에서 최대한 많은 작품을 감상하기를 추천한다.

이런 시간을 통해 내 마음을 사로잡는 작품을 발견한다면, 엄청난 행운이라 해도 과언이 아니다. 실제로 이런 작품을 발견하면 마치 운명의 짝을 발견한 것처럼 한없이 빠져들게 되는데, 그때의 감동은 실제로 느껴보지 않으면 말로 아무리 설명해도 이해하기가 힘들 정도다. 처음에는 그저 그렇다가 시간이 지날수록 점점 끌리는 작품도 있고, 그 반대인 경우도 있다. 작품은 작가의 감정을 담아낸 산물이기에 인간관계에서 느끼는 감정들을 작품과 나와의 관계에서도 고스란히 느낄 수 있다.

간혹 작품 판매자들이 이런저런 투자 이슈를 내세워 구매를 권하는 경우도 있는데, 구매 목적 자체가 투자라면 상관없겠지만 미술을 일상에서 즐기고자 한다면 경제적 가치보다는 내 감정을 더 충족시키는 쪽을 선택하는 것이 좋다. 마음에 드는 작품을 곁에 두고 늘 감상하다 보면 매번 새로운 생각과 아이디어가 떠오르고 때로는 위안도 될 것이다.

이 외에도 사색, 명상, 산책, 여행, 취미 등을 통해 내 감정의 주체가 나 자신임을 확인할 수 있는 활동을 자주 한다면 같은 효과를 얻을 수 있다. 내가 특별히 미술 감상을 추천하는 이유는 누군가의 감정에서 비롯된 창작물을 즐기는 시간이 너무나 매력적이고 다채로우며 신기하기 때문이다. 이 세상에는 80억 인류의 숫자만큼이나 멋진 예술품이 가득하다. 이 모든 것을 자신의 감정대로 바라보고 느끼는 순간, 우리 안에서는 또 다른 예술이 피어난다. 창조적 경험은 아주 거창하거나 대단한 것이 아니다. 예술을 통해 내 마음이 자극을 받고 감정을 느끼는 바로 그 순간, 우리는 저마다의 창의성을 발현하는 셈이다.

## 인문학을 감상하면 벌어지는 일

문학 작품과 인문학도 감정을 회복하고 활성화하는 데 많은 도움을 줄 수 있다. 흥미롭게도 예술을 감상하는 행위와 문학, 인문학을 가까이하는 행위에는 상당한 유사점이 존재한다. 아니, 더 정확하게 말하면 예술, 문학, 인문학이 우리의 잃어버린 감성을 되찾고 잘 활성화될 수 있게 해주는 원리는 완전히 같으며 단지 표현 수단이 그림이나 글이냐 하는 정도의 차이만 있을 뿐이다.

먼저 문학이 어떻게 도움을 줄 수 있는지 살펴보자. 순수문학과 자주 비교되는 장르문학을 빗대어 살펴보면 둘 사이의 가장 중요한 차이는 바로 개연성이다. 판타지 소설에서 혼탁한 세상을 구할 영웅이 등장하고 용이 나타나서 불을 뿜어도 사람들이 이상하다고 생각하지 않는다. 웹소설에서 주인공이 회기, 각성, 환생 등을 통해 초인적인 힘을 갖는 캐릭터로 묘사되어도 마니아들은 당연하게 받아들인다. 캐릭터와 줄거리의 개연성이라는 측면에서는 누구나 이해할 수 있도록 설정해두어 독자는 편하게 즐기기만 하면 된다.

영화 〈범죄도시〉 시리즈를 예로 들어보자. 주인공은 괴물 형사라는 별명을 가질 정도로 강력한 캐릭터이며, 주인공에 대적하는 빌런도 등장한다. 주인공이 빌런을 통쾌하게 소탕할 것이라는 내용 정도는 영화를 보지 않아도 누구나 예상 가능하며, 관객은 가벼운 마음으로 영화가 주는 재미에 빠지기만 하면 된다. 처음 방문하는 도시를 운전해서 가더라도 신호등, 횡단보도, 이정표가 모두 같으면 편안하게 길을 찾을 수 있는 것과 마찬가지다.

그런데 순수문학은 익숙한 개연성이 없거나 매우 약하다. 세계명작이나 고전은 더욱 그렇다. 그래서 이 등장인물을 어떻게 이해해야 할지 막막하고, 줄거리가 너무 복잡해서 어렵고 피곤하다는 생각이 든다. 바꿔 말하면 그만큼 작가의 집필 방식이 자유롭다는 뜻이다. 운전에 비유하자면 신호등, 횡단보도, 이정표가 제각각인 길을 운전해 자신의 감과 판단력만으로 원하는 목적지까지 도달해야 하는 상황인 셈이다. 칸 영화제나 베를린 영화제 등 세계적인 시상식에서 수상한 작품이라고 언론이 극찬을 하는데 아무리 봐도 어렵고 지루한 이유 역시 대중성보다는 감독의 예술성을 높게 평가했기 때문이다.

그 대신 이런 작품에는 쉽고 재미있는 장르물에서는 보기 힘든 완전히 다른 매력이 존재한다. 미술 작품을 감상하는 법을 아무도 알려주지 않았지만 스스로 자신의 소감을 밝힐 수 있게 되듯 한 번만 보면 이해하기 어려운 작품의 개연성을 어느새 스스로 만들어내어 나만의 해석과 창조가 가능해진다. 작가가 창조한 등장인물들의 관계, 사건과 상황, 캐릭터에 나만의 생각과 감정을 투영할 수 있는 여지가 크다는 의미이기도 하다. 신호등이 없는 도시에서 운전을 하려면 처음에는 어렵고 당황스럽겠지만, 이 도시의 특성을 이해하고 관습과 규칙에 의존하려는 습관에서 벗어나 스스로가 기준을 만들고 판단한다면 나만의 의미 있는 장소, 아름다운 풍경을 찾아낼 수 있다. 이런 시도가 한두 번에서 그치지 않고 어떤 작품을 접하든 자꾸 적용하다 보면 어느 순간부터 핵심 감정이 작용하면서 주인공이 처한 상황이 어떻든 그 안에서 스스로 의미를 부여하고 가치를 창조하게 된다.

이번에는 인문학을 살펴보자. 인문학에는 특정한 사안을 바라보는 그 사람만의 통찰이 담겨 있다. 그 사람만의 고유한 통찰이 가능한 이유는 자신만의 관점으로 대상을 바라보고 탐구하기 때문이다. 예술품이든 문학이든 누구나 자신만의 관점으로 가치를 창조할 수 있는데, 그 관점에 담기는 가치가 쌓이고 쌓여 자신만의 통찰이 된다.

앞에서 소개한, 내가 진행하는 프로그램에 참석했던 A씨의 사례를 통해 좀 더 구체적으로 설명해보자. A씨가 알몸으로 숲에 홀로 서 있는 남자의 이미지를 통해 '인간도 자연의 일부일 뿐이구나'라고 느낀 자신의 감상을 발표한 것과, 독일의 천재 물리학자 아인슈타인이 "상상력은 지식보다 중요하다"라고 말한 것은 완전히 같은 맥락이다. 두 사람의 차이점이라면 자신의 생각을 많은 사람들 앞에서 드러내는 데 있어 A씨의 감상평에는 아직 그만의 고유한 가치관이나 사상이라고 할 만한 무언가가 구체적으로 드러나지 않았다는 점뿐이다. 특정 분야의 전문가나 세계적인 권위자가 아니어도 누구든지 자신의 감정을 통해 특정 대상에 대한 자기만의 인사이트를 완성할 수 있다는 사실을 기억해야 한다.

그리고 이러한 생각에는 평소 의식했든 의식하지 않았든 당사자만의 인생 서사가 담겨 있게 마련이다. A씨는 평소 산림욕을 좋아하고 자연을 귀하게 여겨온 경험이 있었고, 아인슈타인은 무수한 실험으로 도전하는 것이 일상인 과학자로서 나름의 통찰을 가지고 있었던 것이다.

똑같은 경험을 하더라도 상대방과 나의 견해가 완전히 다를 수 있다는 사실을 우리는 알고 있다. 또한 그 차이를 받아들이려고 노력하는 과정에서 이전에는 몰랐던 많은 지식과 정보를 이해할 수 있게 된다. 그중 대다수는 상대방이 살아온 삶, 경험, 지식, 성향, 감정 등인데, 이렇게 상대방을 이해하는 과정에서 우리 역시 세상을 바라보는 관점이 좀 더 넓어지는 것을 느낄 수 있다. 서로의 다름을 이해하고 인정하며 이를 계기로 나를 돌아보고, 이 과정에서 보람과 답답함, 안쓰러움과 행복감 등을 느낄 수 있다. 인문학을 자주 접하는 과정도 마찬가지다. 그 예술가, 그 캐릭터만이 가진 고유한 감정과 거기서 비롯된 가치관과 생각 등을 간접적으로 경험하면서 세상을 바라보는 시야가 넓어지고 이전까지는 도저히 상상할 수도 없고 이해할 수도 없었던 감정을 잠시나마 느껴보는 훈련을 할 수 있게 해주는 것이 바로 인문학의 가치라고 할 수 있다.

그림 감상도 마찬가지다. 어떤 작품을 감상하는 나의 생각과, 그 작품을 완성한 예술가의 생각은 완전히 다르다. 나는 이런 감정을 느꼈는데 이 화가는 어떤 계기로 이런 작품을 구상하게 되었는지 공통점과 차이점을 찾다 보면 작가의 생애, 성격, 주요한 서사 등을 자연스레 확인할 수 있다. 문학을 자주 접하면서 감정을 회복하고 활성화시키는 것과 같은 원리다.

## 일상의 소소한 활동으로 감정을 포착하는 법

예술가가 되어 직접 뭔가를 창조해보기에 앞서, 한 가지 기억해 둘 사항이 있다. 감상과 창조는 하나로 연결되어 있다는 점이다. 어떤 대상을 처음 감상할 때 감정이 건드려지는 바로 그 순간이 창조의 시작이다. 나는 평범한 사람이고 예술을 전공하지도 않았는데, 어떻게 예술가가 된다는 걸까 궁금증이 생길 수 있는데, 우리가 무언가를 감상하거나 즐길 때 감정이 꿈틀대는 것을 경험한다. 바로 이러한 점이 누구나 자신만의 예술을 창조할 수 있다는 증거다. 그러니 나에게도 예술가의 가능성과 잠재력이 있다는 사실을 믿고 창조성을 자연스럽게 드러내보자.

## 간단한 작업으로 화가가 되어보기

몇 년 전, 대학 입시를 준비하는 손녀를 응원하기 위해 나의 판화를 구입한 할머니 한 분이 있었다. 얼마 전 그 할머니를 다시 만날 일이 있었는데, 손녀의 근황을 물어보며 이런저런 대화를 나누던 중 할머니께서 최근 생긴 취미 이야기를 들려주셨다.

할머니는 가방을 열고 컬러링북 한 권을 꺼내더니 자신이 손수 색칠한 그림들을 보여주셨다. 컬러링북에는 그림마다 어떤 색으로 칠하라고 설명을 해두었지만 할머니는 이걸 무시하고 본인 마음에 드는 색을 쓰셔서 문득 호기심이 생겼다.

"할머니, 여기 나무 잎사귀는 같은 색이 하나도 없고 전부 알록달록 제멋대로네요?"

"아쉬워서 그래."

"네? 뭐가요?"

할머니는 컬러링북 색칠을 하게 된 이유가 어떻게든 머리를 더 많이 쓰기 위해서라고 하셨다. 나이가 들어서인지 자꾸 기억력이 떨어지고 깜빡깜빡 잊어버리는 것들이 많아진다는 것이었다. 잎사귀를 알록달록하게 색칠한 이유는 사람들이 보통 노인을 떠올릴 때 회색을 연상하는 게 싫듯, 나무는 종별로 다양한

데 초록색 하나로 색칠하는 것이 싫어서라고 말씀하셨다. 할머니는 이 나이가 되도록 그림을 그려보겠다는 생각을 해본 적이 한 번도 없는데 이번에 컬러링북 색칠을 하고 나서부터는 내 손으로 뭔가를 직접 완성해보니 성취감이 느껴져서 너무 즐겁고, 색칠하는 동안만큼은 집안 걱정이 사라져 머리가 맑아진다고도 하셨다. 심지어 할머니는 이번 기회에 머리를 좀 더 써보기 위해 주식 투자도 간단하게 배워볼까 생각 중이며, 큰딸에게 아이패드를 사달라고 부탁해두었는데 그걸로 고스톱 게임을 해보고 싶다며 활짝 웃으셨다. 내가 왜 미술을 하는지 이제는 이해할 수 있을 듯하고 참으로 행복한 직업을 가진 것 같다며 웃으시는 모습을 보니 나도 덩달아 기분이 좋아졌다.

할머니와 헤어진 후 잠시 혼자서 이런저런 생각을 해보니 할머니가 나무와 나뭇잎을 알록달록하게 칠하게 된 핵심 감정은 '아쉬움'이라는 생각이 들었다. 무엇이, 왜 아쉬웠을까? 시간이 지날수록 기억력이 예전 같지 않음을 느끼고, 점점 늙어가고 있음을 인정해야 하니 아쉬울 수밖에 없을 것이다. 시작은 아쉬움과 걱정, 두려움이었지만 결과적으로 할머니는 컬러링북이 제시하는 기준을 깨고 자신이 원하는 색으로 본인만의 창의성을 드러내셨다. 나뭇잎에 칠한 각각의 색깔이 무엇을 의미하는지는 듣지 못했지만 할머니의 표정을 통해 컬러링북 색칠을 하는 동안 분명 감정을 활성화시키고 있음을 알 수 있었다. 이 간단한 취미를 통해 자신감을 얻은 덕분에 다른 일도 시도할 수 있게 되었으니 말이다.

내가 이 일화를 소개하는 이유는 사실 할머니와의 대화를 통해 한 가지 부끄러운 점을 느꼈기 때문이다. 미술작가이자 이 분야의 전문가인 나는 서점에서 처음 컬러링북을 발견했을 때, 이미 다 그려진 스케치에 정해진 색깔대로 칠만 하는 작업이 무슨 도움이 될까 싶어 가볍게 생각했었다. 할머니가 컬러링북을 꺼내실 때만 해도 단순히 노인들이 시간을 때우기 위해서 하는 단순한 작업 정도로 여겼다. 하지만 할머니의 그림을 보면서 그 대상이 무엇이든 그것을 통해 자신만의 핵심 감정을 발견할 수 있다면, 그 후로 완성하는 모든 결과물은 나이, 성별, 전문성 같은 잣대를 넘어 모든 사람에게 의미와 가치를 심어주는 예술품이 될 수 있다는 사실을 깊이 깨달았다.

최근 유튜브 채널을 보다가 95세를 넘긴 할머니가 뒤늦게 그림을 그리기 시작해 여러 차례 전시회를 열고 문화센터에서 강연까지 하고 있다는 일화를 접했다. 밝은 미소를 지닌 할머니와 그분의 작품들을 보면서 저렇게 아까운 실력을 숨기고 평생을 어떻게 사셨던 걸까 의문이 들었다. 지금이야 예술이 각광받고 있지만 과거에는 미술, 음악, 연기, 사진 같은 예술 활동은 먹고 사는 데 별 쓸모도 없거니와 제대로 배우지 못한 사람들이나 하는 일이라는 편견이 굉장히 강했다. 아마 할머니가 젊었던 시절에도 그림을 그린다고 하면 칭찬이나 응원을 받기 힘들지 않았을까.

이 동영상이 2년 전 자료여서 이분의 최근 정보를 더 찾아보니 지금도 미술 활동을 계속하고 계셨다. 이분이야말로 우연한 계기로 시작한 창조 행위가 감정을 활성화시키는 수준을 넘어 신체 에너지까지 끌어올린 사례가 아닐까.

미술에 소질이 있든 없든 자신만의 방법으로 그림을 그려보는 것은 감정을 회복하고 활성화시킬 수 있다. 자신이 없다면 앞서 살펴본 할머니처럼 컬러링북을 활용해도 좋고 이 책에서 소개한 '나만의 행복한 커피'를 그려보는 것도 좋다. 여기서 좀 더 욕심을 가져본다면 '행복한'이라는 감정과 '커피'라는 사물 대신 새로운 주제를 계속 바꾸면서 자신에게 더 와닿는 결과물을 계속 만들어보는 것도 큰 도움이 될 것이다.

이 모든 과정에서 미술 실력보다는 자기 방식대로, 부담 없이 시도할 수 있는 수준으로 일단 '완성'하는 것이 핵심이다. 혼자 하는 것도 좋지만 여럿이 모여 함께 작업하는 것도 흥미로운 경험이 될 수 있다. 좀 더 고급스러운 테크닉을 익히고 싶다면 학원이나 화실에 가서 미술 전문가의 도움을 받는 것도 추천한다.

마지막으로, 이러한 활동을 하는 과정에서 늘 중요하게 생각해야 할 것은 감정의 주체가 외부가 아닌 나 자신이 되어야 한다는 점이다. 그 무엇도 아닌 바로 나의 감정을 활성화시키는 작업이기에 내가 좋아하고 관심이 가는 대상에서 시작해야 한다. 입시 미술을 준비하는 학생들이 학원에서 가장 보편적으로 배우는 것이 석고 데생인데, 이런 그림은 좋은 점수를 받기 위해 일정한 기준대로 형태, 구도, 양감, 질감을 표현하는 기술과 이론을 배우는 것이지, 나의 감정을 표현하는 것이 아니다. 미술 전문가가 되고자 한다면 이론과 기술을 배우는 것도 중요하지만 이런 학습만으로는 미술을 통해 감정을 활성화시키고 인생을 풍요롭게 사는 데 별 도움이 되지 않는다. 이러한 차이를 이해한다면 자신에게 맞는 방식으로 예술을 창조하는 행위가 한결 수월해질 것이다.

### 소설가 되어보기

이번에는 소설가가 되어 나만의 결과물을 창조해보자. 여기서 말하는 소설이란 전문 작가가 발표하는 장편소설 같은 출판물이 아니다. 누구나 삶을 살아가면서 자신만의 아이디어와 스토리를 자연스레 떠올리는데, 이것을 유의미한 결과물로 완성하는 경험을 해보자는 뜻이다. 내 안에서 나오는 이야기이니 이 소설의 주인공은 나 자신이다.

소설 창작 과정은 총 3단계로 1단계는 시작하기, 2단계는 창조하기, 3단계는 나만의 엔딩 정하기다. 각 단계는 우리가 살면서 겪는 모든 상황에 적용해볼 수 있을 뿐 아니라 감정을 회복하고 활성화시키며 더 나아가 핵심 감정을 기반으로 얻고자 하는 계획이나 목표를 달성하는 데도 도움을 줄 수 있다. 지금부터 하나씩 살펴보자.

**1단계: '시작하기'는 핵심 감정을 파악하는 데서 비롯된다**

핵심 감정은 나에게 어떤 일이 발생했을 때 이 상황을 이해하는 데 도움을 준다. 이런 일이 왜 발생했는지, 나는 이 상황에서 왜 이런 행동을 하고 있는지를 근본적으로 이해할 수 있게 해주기 때문이다. 그래서 자신을 가만히 돌아보고 성찰하면 나의 소설이 시작된 이유를 알 수 있다.

예를 들어보자. 내가 미술 작가로 활동하게 된 데는 어린 시절부터 그림을 그릴 때 감정이 충만해지는 것을 느꼈기 때문이다. 그림 그리기가 어린 시절 취미에서 그치지 않고 직업으로 연결된 이유는 나의 작품을 감상하면서 즐거워하는 사람들을 통해 내가 감사함과 희열을 느끼고, 이 감정을 기반으로 좀 더 많은 사람들이 쉽게 즐길 수 있는 대중성 있는 작품을 창작하고 싶다는 핵심 감정이 내 안에 자리 잡고 있기 때문이다. 그래서 김일동이라는 소설은 그림 그리는 재미를 처음 발견했던 어린 시절에서 시작된다.

### 2단계: '창조하기'의 핵심은 반드시 긍정적이어야 한다

이 단계에서 가장 중요하게 생각할 점은 나라는 소설이 항상 긍정적인 방향으로 전개되어야 한다는 것이다. 현재 처한 상황이 괜찮은 편이라면 더욱 즐겁고 발전적인 스토리로 끌고 가야 하며, 만약 힘든 상황이라면 현실을 극복하며 희망을 가질 수 있는 방향으로 끌고 가야 한다.

살면서 항상 좋은 일만 있을 수는 없는데 왜 이렇게 해야 할까? 핵심 감정이 나만 알고 있는 지극히 주관적인 요소이기 때문이다. 앞으로 전개될 스토리 역시 지극히 주관적인 내용일 텐데, 이 내용이 긍정적이라는 것은 결국 나의 핵심 감정이 의도하는 방향성과 완벽하게 일치한다는 뜻이다. 만약 창작하려는 스토리의 방향성이 핵심 감정과 일치하지 않는다면 소설과 연관성이 없거나 부적절하다는 의미다. 긍정적인 방향으로 잘 써내

려간 스토리는 핵심 감정에 힘을 실어주고 감정을 더욱 활성화시키기 때문에 살면서 마주할 여러 상황을 더욱 창의적으로 바라보고 문제를 해결하도록 도와준다. 이 내용을 간단한 사례로 소개하겠다. 나만의 긍정적인 인생 스토리를 창조하는 일이 얼마나 강력한 힘을 지니는지 함께 살펴보자.

무려 30년도 더 지났지만 내 기억에 아직까지 생생하게 남아 있는 일화가 있다. 우연히 라디오 생방송에서 듣게 된 여성 청취자의 사례였다. 그분은 1980년대에 시골에서 살다가 가난이 싫어서 서울로 왔다. 빨리 자리를 잡기 위해 서울살이 초반에 친구와 쪽방에서 동고동락했는데, 시장에서 팔다 남은 흠집이 난 배춧잎을 얻어와 국을 끓여 먹을 정도로 형편이 어려웠다. 어느 날은 된장조차 없어서 맹물에 소금과 조미료만 풀어 간을 맞췄는데, 이런 현실이 너무 비참해서 슬픈 감정이 치밀었다. 그런데 같이 살던 친구는 오히려 활짝 웃으며 이렇게 말했다고 한다.

"어머, 오늘 저녁은 미소국이네."

조미료와 소금이 들어가 미소 짓게 되는 국이라고 덧붙인 친구의 재치 있는 한마디에 이 청취자는 자신도 모르게 웃음이 나왔고, 큰 위안을 받았다고 했다. 세월이 지난 지금은 아파트에 살면서 젊은 시절과는 비교도 되지 않을 만큼 풍족한 생활을 하고 있지만, 살면서 또다시 힘든 시간이 찾아온다 해도 이 시절의 기억을 떠올리며 자신에게 용기를 주었던 친구를 생각할 것이라고 했다.

내가 이 방송을 지금까지 기억하는 이유는 예술가로 살면서 힘든 시간이 찾아올 때마다 청취자의 사연을 떠올리며 용기를 얻기 때문이다. 그리고 이것이 긍정적인 스토리를 창조해 감정을 회복하고 활성화시켜야 하는 근본적인 이유이기도 하다. 문학상을 수상하는 전문 소설가가 아니라도 내 인생을 긍정적인 스토리로 쓰는 일은 누구나 할 수 있다. 창작의 핵심은 자유로움이기 때문이다. 거창한 문학 이론, 논리, 검증, 분석 같은 건 필요 없다. 그런 것을 고민하느라 스트레스를 받을 필요도 없다. 그러니 애써 생각할 필요도 없다. 긍정적인 스토리를 창조하는 주된 목적은 자신만의 감정을 활성화시키는 것이지 심각한 문제를 해결하거나 인생의 정답을 맞히기 위함이 아니다.

어떤 상황에 처하든 일단 핵심 감정을 회복하고 활성화시킬 수 있다면, 그때부터 내가 가진 창의성을 훨씬 잘 발휘할 수 있다. 그러면 문제해결을 위한 실질적 방법을 고민하고 아이디어를 떠올리는 것도 훨씬 수월해진다.

앞에서 말했듯 나만의 소설 쓰기는 각자가 처한 상황에 따라 얼마든지 응용할 수 있으며 어떤 내용으로 전개할지도 원작자인 자신의 마음에 달려 있다. 컵에 절반쯤 담긴 물을 보고 어떤 사람은 절반이나 있다, 어떤 사람은 절반밖에 없다고 말한다는 예시는 워낙 유명한데 같은 원리다. 나만의 스토리 창작에는 어떤 검증도 외부 기준도 개입할 수 없으며, 오로지 그 이야기를 끌고 가는 나의 감정만 존재한다. 이것이 바로 예술의 힘이다.

**3단계: '나만의 엔딩 정하기'란 소설의 주인공인 내가 마지막에 어떤 결과물을 얻고 싶은지를 나의 방식으로 완성하는 것이다**

스토리 자체가 나의 핵심 감정에서 시작되었으니 최종 결과물에는 반드시 나의 핵심 감정이 내재되어 있을 것이다. 내 안에는 '모든 사람을 위한 미술'이라는 핵심 감정이 자리 잡고 있어서 나의 작품에는 관객들이 흥미롭게 감상할 수 있는 요소가 곳곳에 녹아 있다.

그래서 미술계에서 나를 섭외할 때는 나의 핵심 감정과 비슷한 성격을 지닌 기획전이나 시민들이 접근하기 쉬운 문화공간 전시 등을 제안하는 경우가 많고, 이런 기회를 통해 관객들이 즐거워하는 모습을 확인함으로써 나는 또다시 핵심 감정을 충족시키고 다음 작품 활동을 시작하는 힘을 얻는다. 일련의 과정은 내가 어떤 결과물을 선보이고 싶은지 스스로 결정했고, 그 결과물을 쉽게 완성할 수 있는 스토리를 내 안에서 무난하게 창작하고 있기에 가능한 것이다.

　내가 예술가여서 가능한 일이 절대 아니다. 누구나 자신이 원하는 결과물을 세상에 선보일 수 있고, 저마다의 개성과 강점을 드러낼 수 있다는 사실은 매우 다행스러운 일이다. 물론 결과물을 완성하는 과정에서 예상치 못한 문제가 발생할 수도 있다. 그것이 일시적인 어려움이라면 잘 버티면 되겠지만, 내 힘으로 어찌할 수 없는 치명적인 문제가 발생한다면 몸도 마음도 금방 지칠 것이고 감정의 활성화도 어려울 것이다.

　이러한 위기의 순간에 '나만의 엔딩 정하기'를 통해 앞으로 펼쳐질 스토리를 완전히 새로운 방향으로 구상함으로써 감정을 다시 활성화시킬 수 있다. 핵심 감정이 여러 가지 현실적인 사안으로 무뎌졌을 때 구조를 재설정해 다시 원활하게 감정을 발현하는 법을 배울 수 있다. 이때 반드시 기억해야 할 점이 있다. 이런저런 현실의 벽에 부딪혀 핵심 감정이 잘 느껴지지 않고 발현되지 못하더라도 우리 안에는 반드시 이것이 존재한다는 사실을 믿는 일이다. 처음으로 돌아가 핵심 감정을 파악하는 일부터 다시 시작하면 된다. 왜냐하면 어떤 대상에 대한 핵심 감정이 완전히 사라졌다는 것은 그 감정 때문에 계획했던 모든 결과물의 가치까지 전부 사라졌다는 뜻이기 때문이다.

　참고로, 핵심 감정이 느껴지지 않는다고 해서 자신에게 무슨 문제가 생겼다고 불안해할 필요는 없다. 이 작업은 원래 시간이 걸리는 데다 언제든 시행착오를 겪을 수 있고, 때로는 오해할 수도 있다. 남들보다 빨리 또는 뒤늦게 핵심 감정을 발견했다는 사실이 우월함과 열등함의 기준이 될 수 없으며, 자신에게 가장 적절한 시기와 상황에서 이것이 얼마나 잘 활성화되는지를 인지하는 것이 더욱 중요하다. 살면서 겪은 무수한 경험들이 나의 핵심 감정을 정확하게 파악할 수 있는 일종의 자양분임을 안다면, 이 경험들은 하나도 버릴 것 없는 귀중한 자산으로 우리 안에 누적될 것이다.

거듭 강조하지만, 아직 정확하게 알아채지 못했을 뿐 우리 모두의 내면에는 반드시 나만의 핵심 감정이 존재한다는 사실을 반드시 기억하기 바란다.

# 자신만의 엔딩 서사로
# 인생을 바꾼 사람들

  이 장에서는 핵심 감정의 힘을 활용해 나만의 엔딩을 결정하는 스토리를 창조하는 방법을 몇 가지 사례로 설명하겠다.

  내가 자주 방문하는 24시간 프랜차이즈 카페가 있다. 시간에 구애받지 않고 밤늦게까지 편하게 작업할 수 있는 카페가 생겨서 처음 오픈했을 때 무척 반가웠다. 매일 이곳에서 작업을 하다 보니 점장과도 친해졌는데, 볼 때마다 너무 힘든 표정을 하고 있어서 내심 걱정이 되었다.

  하루는 점장과 이야기를 나누게 되었다. 그는 아무리 생각해도 이건 할 짓이 아닌 것 같다며 생각보다 잡일이 너무 많고 챙겨야 할 것, 말 안 듣는 직원 관리, 본사에 지급해야 하는 로열

티, 임대료, 대출금 등으로 인한 스트레스가 엄청나다고 푸념하듯 말씀하셨다.

그러던 어느 날이었다. 그날따라 매장이 조금 한가했는데, 점장이 내 자리로 슬그머니 다가오더니 주문하지도 않은 커피 한 잔을 쓱 내미셨다.

"주문한 적이 없는데요……?"

"서비스예요. 한번 맛보세요."

조금 의아했지만 점장님이 뭔가 기대에 찬 표정으로 내 반응을 기다리는 것 같아서 바로 한 모금 들이켰다. 그 순간 이 커피는 매장에는 없는 메뉴라는 느낌이 들었다. 첫맛은 살짝 짭짤하고 끝은 달콤한, 처음 접하는 독특한 맛이었다. 내가 감탄하며 커피를 칭찬하자 점장은 순간 환호성을 지르며 평소와는 다른 들뜬 어조로 본인의 이야기를 시작하셨다.

그는 우연히 맛본 소금커피 맛에 반해 바리스타의 꿈을 꾸게 되었다. 필리핀까지 가서 바리스타 자격증을 취득한 것을 시작으로, 소금커피에 들어가는 소금도 다 같은 것이 아니며 가공법에 따라 과일 향, 스모크 향 등 채취하는 지역에 따라 맛부터 토핑까지 제각각이라는 걸 알았다. 커피에 들어간 소금이 원두의 역류를 막아 건강에도 좋다는 정보도 이날 점장에게 들을 수 있었다. 그는 여기서 그치지 않고 소금커피와 잘 어울리는 시그니

처 디저트, 커피잔 디자인까지 직접 개발했는데 이런 상품을 기반으로 나중에는 자신만의 끝내주는 매장을 오픈하고 싶다는 계획까지 들려주었다. 신이 나서 이야기하는 점장의 눈빛은 평소보다 더욱 반짝였고 입꼬리도 평소보다 올라가 있었다.

그런데 정작 매장에는 점장이 이토록 애정을 가진 소금커피 메뉴가 하나도 없었다. 이유를 물어보니 프랜차이즈 매장은 본사에서 지정한 메뉴 외에는 팔면 안 된단다. 지금은 언젠가 자신의 가게를 운영하기 위해 시스템을 파악하려고 장사를 하고 있는데 생각보다 매장 운영이 너무 힘들다. 이렇게 힘들 줄 알았으면 아예 시작을 하지 말았어야 했다 하면서도 몇 개월이 지나니 이제 요령이 좀 생기고 몸도 적응이 되어 오랜만에 소금커피를 만들어보았다고 했다.

점장의 이러한 사연을 알고 나니 이 커피가 특별해 보였다. 오랜 시간 고생하다가 이제 겨우 정신을 차리고 만든 커피라고 하니 더욱 귀하게 느껴지기까지 했다. 이렇게 여담을 나누다 보니 손님들이 몰리는 시간이 되었고, 점장은 이제 또 한바탕 전쟁을 치러야 한다며 숨을 크게 내쉬더니 다시 카운터로 돌아갔다.

나도 다시 작업에 몰두했지만 이날따라 가게 벽에 붙은 '24시'라는 간판이 유독 커 보였다. 점장의 움직임도 더욱 분주하게 느겨졌다. 저렇게 매일같이 치열하게 일하는 모습이 정말 대단하다고 생각하면서도 '이분이 과연 자신의 매장을 오픈하고 본인이 개발한 소금커피를 판매할 수 있을까' 하는 걱정이 동시에 들었다. 이후 이 카페를 방문할 때마다 사장님의 개인사며 소금커피 이야기를 더 물어보고 싶었지만, 왠지 실례일 것 같아 더는 말을 꺼내지 않기로 했다.

그런데 오랜만에 다시 이 카페를 방문했던 날, 매장 영업시간이 24시간 운영에서 밤 10시 마감으로 변경된 것이 눈에 들어왔다. 어찌 된 영문인지 묻기 위해 점장에게 다가가는 순간, 이분의 분위기가 어딘지 바뀌었다는 느낌을 받았다. 예전보다 안색이 훨씬 좋아졌고 몸도 한결 가벼워 보였다. 점장의 대답은 놀라웠다. 처음 매장을 오픈할 때는 어떻게든 매출을 많이 올려서 자신의 사업을 일찍 시작하려고 했는데, 계속해서 무리를 하다 보니 아무래도 이 방식은 아닌 것 같아 영업시간을 줄이기로 했다는 것이다. 창업한 후로는 하루하루를 쫓기듯 살아내느라 자신을 돌아볼 겨를이 없었는데, 요즘은 아침 일찍 일어나서 스스로를 꾸미는 시간도 더 쓰고 평소보다 좀 더 일찍 출근해 커피를 마시면서 자신의 매장을 구상한다고 했다. 점장은 아침에 혼자 만끽하는 이 30분이 너무나 소중하다고, 자신이 책임지고 있는 가족과 직원들, 본사와의 관계 등 여러 현실적인 문제를 잊을 수 있는 이 시간이 정말 행복하고 감사하다고도 하셨다. 매출이 다소 감소되어 걱정이 되고 본격적인 창업 시기도 조금 지연되겠지만 결과적으로는 이 선택이 옳았다는 확신이 든다며 밝은 모습으로 답해주셨다.

### 핵심 감정의 유통구조

점장의 이야기를 좀 더 듣다 보니 개인 매장을 오픈하기 위해 영업시간을 변경하는 것이 말처럼 간단한 일이 아니라는 사실을 알게 되었다. 그는 몇 달 전부터 요일별 매장 패턴을 면밀히 파악하고 손님이 가장 많이 오는 시간대와 배달 주문이 가장 많은 시간대를 확인해, 거기에 맞게 직원들의 근무일수, 근무시간, 본사에 지급할 로열티 파악부터 개인 일정, 집안 행사까지 모두 조절했다. 지금의 상황을 극복하기 위해 자신이 처한 현실을 재설정하는 방식으로 목표에 방해가 되는 요소를 제거한 것이다.

이것이 바로 '나만의 엔딩 정하기'를 통해 스토리를 창조하는 방식이다. 점장은 자신이 계획한 시기가 조금 지연되더라도 반드시 그 일을 성사시키겠다는 데 더 중점을 두었다. 이 과정에서 반드시 기억해야 할 가장 중요한 요인은 '핵심 감정의 힘을 지속적으로 발휘할 수 있는가' 하는 점이다.

점장의 사례는 목적지에 도달하는 방법을 바꾼 경우이지만, 결과물의 형식에 변화를 주는 것으로도 나의 스토리를 얼마든지 창조할 수 있다. 프롤로그에서도 언급했듯, 나는 미술 작가로 활동을 시작할 때 금전적인 문제로 넓은 작업실을 구하기가 어려운 상황이었다. 작업실 유무는 미술 작가로 꾸준히 활동하면서 먹고 살 수 있을까를 고민할 정도로 심각한 문제였다. 이 당시 내가 선택한 방법은 컴퓨터 그래픽 작업이었는데, 회화 전시를 수작업이 아닌 그래픽 결과물로 출력한다는 것은 치명적인 결함으로 간주될 위험이 높았다.

내가 이 문제를 해결하기 위해 고민했던 지점은 새로운 경쟁력이었다. 이 과정에서 고민 끝에 개발한 기법이 극도로 가느다란 선을 무수하게 반복해 작품의 주요 요소를 표현하는 것이었다. 이 방식은 아무리 가느다란 세필을 사용해도 수작업으로는 표현하기 어려워서 관객들에게도 신선하게 와닿았다. 이 화법이 다른 작품에서는 찾아보기 힘든 나만의 스타일로 인정받으면서 경쟁력을 갖추자 판매와 전시 섭외로 이어지면서 넓은 작업실에 대한 고민을 해결할 수 있었다. 컴퓨터로 작업을 하니 작품을 보관할 장소의 제약에서 벗어날 수 있었던 것이다.

내가 완성한 결과물의 형식은 기존의 관례와는 다르지만 나만의 스토리를 창조함으로써 전시와 작가 활동을 지속할 수 있게 된 것이었다. 이 모든 과정에서 내가 가장 중요하게 고려했던 점 역시 핵심 감정에 내재된 힘이 계속해서 발현될 수 있는가 하는 점이었다.

### 핵심 감정을 활용해
### 세상을 더 나은 곳으로 만드는 법

최근에 알게 된 흥미로운 사례가 또 있다. 이 책을 출간하기로 결정하고 출판사와 수시로 메일을 주고받으며 소통하던 중, 내 책을 맡게 된 담당 편집자의 핵심 감정이 '분노'라는 것을 알게 되었다. 어린 시절부터 유독 뉴스와 다큐멘터리를 좋아했던 편집자는 방송을 보면서 화가 날 때마다 '내가 어른이 되면 더 좋은 세상을 만드는 데 기여하는 직업을 갖고 싶다'라는 생각을 오랫동안 해왔다고 한다. 그런데 어쩌다 보니 편집자가 되었고, 몇 년 전 세상에 반드시 필요한 책을 만드는 것으로 자신의 꿈을 간접적으로 실현할 수 있다는 사실을 깨달은 이후로는 이 직업에 더욱 확신과 애정을 가지게 되었다고 한다.

내가 그 편집자의 이야기를 들으면서 처음 떠올린 모습은 시위나 집회에 참가하기, NGO나 시민단체에서 일하기, 정치인이 되기 같은 것이었다. 그런데 편집자의 모습은 그런 이미지와는 완전히 달랐다. 자신이 생각하기에 가치 있는 책을 만드는 것과 세상을 더 나은 곳으로 만드는 것 사이에 어떤 상관관계가 있을지 나름대로 고민한 결과, 사람들이 책을 통해 심리적으로 위안을 얻거나, 소외된 약자들의 입장을 전하거나, 몰랐던 세상의 이면을 깨닫게 해주는 것으로 간접적인 영향을 미칠 수 있겠다는 생각이 들었다. 물론 이 모든 생각은 나의 추론일 뿐, 정확한 핵심 감정과 직업에 대한 만족감은 당사자인 편집자만 알 것이다. 어찌 되었든 세상의 부조리를 고발하는 뉴스를 볼 때마다 '분노'하는 자신의 핵심 감정을 책이라는 구체적인 결과물로 연결시키는 구조를 스스로 만들어낸 것은 분명하다. 이러한 과정 역시 '나만의 엔딩 정하기'를 실천한 결과라고 할 수 있다.

직장에서 핵심 감정의 힘을 온전히 활용할 수 있게 된 이후로, 편집자는 책을 만드는 과정에서 단순히 주어진 일을 하기보다는 독자들에게 어떤 가치를 전달할 것인가를 더욱 중점적으로 고민하게 되었다고 한다. 그러자 단순히 물리적으로 원고 작업을 할 때보다 일하는 과정이 훨씬 즐거워졌고, 연차가 쌓일수록 기존과는 완전히 다른 기획도 하게 되었단다. 나의 핵심 감정이 구체적인 결과물로 이어질수록 직업이 더욱 소중하고 의미 있다고 느끼게 되는 선순환이 일어난 것이다.

일을 일로만 느낀다면 회사에서 보내는 하루하루가 무미건조할 것이고, 매일 에너지를 소모하면서 업무를 처리할 것이다. 그런데 내가 할 일을 단순 업무가 아닌 감정을 충족시키고 자신을 성장시키는 기회로 전환하면 일을 하면서 오히려 에너지를 얻을 수 있다. 나는 지금까지 여러 출판사와 몇 권의 책을 만들었는데, 담당 편집자에게서 예전 편집자들과는 다른 의지와 열정을 느낄 수 있었다.

이와 비슷한 사례를 또 한 가지 소개하겠다. 지방에 있는 한 기업에서 직원 수백 명을 대상으로 강의를 한 적이 있다. 그런데 호텔 내부에 있는 컨벤션홀에 들어서는 순간, 그곳에서 느껴지는 독특한 분위기에 몇 가지 의문점이 들었다. 우선 이 회사는 국책 사업을 담당하는 토목설계 기업이었다. 보통 이런 업계에서는 예술가에게 창의성에 관한 강의를 의뢰하지 않기에 나를 초청한 것이 신기했다. 회사명 또한 보통의 건설사들과 다르게 꿈에 대한 의미를 담고 있어서 언뜻 보면 영화사나 엔터사 같았다. 직원들도 서로를 가족처럼 편안하게 대한다는 인상을 받았으며, 미리 들은 정보에 따르면 직원들이 임원직에 지원하는 비율도 다른 회사들보다 월등히 높았다. 가장 놀라운 점은 '행복한 커피 그리기' 시간에 확인할 수 있었다. 함께 작업을 하는 동안 참가자 대다수가 망설이거나 머뭇거리지 않고 자신만의 생각을 당당하게 표현했다. 당연히 나 역시 만족스러운 강의를 할 수 있었다.

이날 저녁, 회장과 별도의 회식 자리를 가졌다. 이 기업의 밝고 활기찬 분위기에 감명을 받았던 터라 오너의 성향과 철학이 궁금해서 회장의 말씀에 귀 기울여보니 역시 평범한 기업인이 아니었다. 우선 그가 나에게 강연을 요청한 이유는 직원들이 진심으로 본인들을 위한 자기계발 시간을 갖기 바라서였다. 기업 특성상 국가에서 요구하는 대로 일을 하다 보면 정해진 규칙과 법규에 따라서 움직일 수밖에 없는데, 그러다 보면 자신의 가치관과 개성을 잘 드러내지 못할 것 같아서 안타깝다고 하셨다. 또한 그는 모든 직원들이 자신의 일을 단순히 건축물을 설계하는 것으로 받아들이기보다는 국민들의 삶을 편리하게 연결하고 안전한 이동할 수 있게 도우며, 해외에는 대한민국의 제반 시설이 얼마나 우수한지 알림으로써 자부심을 느낄 수 있는 매우 가치 있는 일이라는 사실을 알았으면 좋겠다고 하셨다.

이날 내가 강연을 시작하기 전에 회장이 우리나라의 역사를 짧게 언급하셨는데, 이 역시 같은 맥락이었던 것이다.

회장과 대화를 하는 내내 또 한 번 느낀 것이 있다. 흔히 기업

오너라고 하면 매출과 수익만 중요하게 여길 뿐 사람은 부품 정도로 취급한다는 인식이 우리 사회 전반에 깔려 있다. 하지만 이분처럼 수익 추구를 넘어 항상 기업의 목표와 존재 이유를 고민하며 정말로 직원들의 성장과 발전을 돕는 데 진심인 분도 적지 않다는 점이다. 윗선에서 일방적으로 결정하는 복지가 아닌, 직원들이 감동받고 좋아할 만한 보상이 무엇인지를 늘 고민하기에 개개인의 개성과 삶을 중시하는 혜택을 제공하려 하고, 그런 분위기가 직원들의 핵심 감정을 활성화시킴으로써 제삼자도 단번에 느낄 만큼 회사 이미지가 좋아진다는 것이다.

 나에게 이 경험이 특별한 기억으로 남아 있는 이유는, 기업의 목표가 모든 구성원의 감정과 연결되어 있을 뿐 아니라, 그것이 비즈니스 현장에 실제로 긍정적인 영향력을 미친다는 사실을 목격했기 때문이다. 여러 기업이 고민하는 것 중 하나가 조직이 추구하는 목표와 직원들이 추구하는 목표는 항상 다를 수밖에 없다는 점인데, 이런 상황일수록 '나만의 엔딩 정하기'를 통해 구성원들이 가진 저마다의 다양성을 인정하면서도 핵심 감정을 하나로 모으는 계기를 마련할 수 있을 것이다.

## 내 인생의 소설가가 된다는 것의 진정한 의미

감정이 가진 다양한 특징 중에서도 가장 신비로운 점을 한 가지 꼽아보자면 물리적, 현실적 제약에서 완전히 자유로울 수 있다는 점이다. 아무리 사소해 보이는 사물도 온 세상의 가치를 담을 수 있으며, 거대하고 화려해 보이는 창조물이 사실 아무것도 아닌 것이 될 수 있다.

우리의 핵심 감정도 마찬가지다. 내가 나아가고자 하는 방식과 방향이 확고하다면 세상의 기준과 원칙이 어떻든 별다른 영향을 받지 않고, 내 의지대로 인생을 자유롭게 살아갈 수 있다. 이것이야말로 대단한 자본이나 탁월한 스펙 같은 것이 없어도 누구나 누릴 수 있는 가장 나답고 자연스러운 인생이다.

모든 사람의 감정은 저마다 달라서 마음먹기에 따라 나만의 창조성을 구현하며 살아갈 수 있다는 사실이 매우 경이롭게 느껴질 때가 많다. 예술가가 작품 활동을 통해 드러내는 고유성이, 사실은 우리 모두에게 내재되어 있다는 사실을 반드시 기억하면 좋겠다.

예술 활동을 통해 인간이 느끼는 모든 감정을 표현할 수 있듯, 나 역시 일상에서 느끼는 나만의 핵심 감정과 스토리를 통해 내면의 문제점과 한계를 극복하고, 이것을 결과물로 완성시키기 위해 최선을 다할 것이다. 당신도 당신 인생의 소설가가 되어 '나의 엔딩'을 스스로 정하길 바란다. 당신 안에 내재된 창의성의 힘을 믿고 살면서 마주하는 어떤 어려운 상황에서도 이 힘을 통해 자신의 가치를 빛내기를 바란다.

## 영감이 끊이지 않는
## 사람들의 비결

 핵심 감정의 힘을 잘 발휘하는 구조를 만드는 것 못지않게 중요한 점은, 이것이 사라지거나 약해지지 않도록 계속 유지하는 일이다. 자동차에 비유하자면 목적지까지 가는 도로가 아무리 잘 닦여 있어도 연료가 부족해져서 중간에 멈춰버리면 안 되는 것과 같다.
 지금 하는 일 자체는 분명 만족스러운데 어쩐지 생각만큼 착착 진행되지 않거나, 현시점에서 새로운 변화를 모색할 필요성을 느낄 때가 있을 것이다. 예전보다 재미가 덜한 것인지 의욕이 줄어든 것인지 아이디어나 창의성을 발현하기가 어려울 때도 있다. 과거 고군분투하던 시절이 힘은 들었어도 오히려 더 열정적이고 의욕이 넘쳐서 행복했다고 그리워하기도 한다. 이런 생각을 자주 하다 보면 어느 순간부터 제자리에 멈춘 듯한 느낌에 갇힐 수밖에 없다.

회사든 가정이든 취미 동호회든 종교단체든, 계획과 목표를 세우는 곳이라면 어디서든 이런 고민을 하게 마련이다. 미술계도 마찬가지여서 그토록 좋아하는 예술 활동을 하면서도 슬럼프에 빠져 힘들어하는 동료들을 종종 본다. 이렇게 힘든 시간을 보낼 때 다시 영감을 불러일으킬 수 있는 비결이 바로 핵심 감정의 힘을 끌어올려 창의성을 지속시키는 것이다. 물론 영감이라는 것을 내가 원한다고 마음대로 떠올리기는 쉽지 않겠지만, 한 가지 분명한 점은 여기에도 일정한 규칙이 존재한다는 것이다. 이 과정을 이해한다면 누구든지 영감을 불러일으킬 수 있다.

### 영감을 불러일으키는 절차

영감을 떠올리는 과정에서 가장 먼저 알아야 할 사항은 반드시 나의 핵심 감정을 중심에 두어야 한다는 점이다. 나의 핵심 감정과 아무 상관없이 새로운 것을 떠올렸다면 일차원적인 아이디어나 흥미로운 생각 수준에서 그칠 뿐, 그것을 결과물로 완성시켜 가치를 부여할 수 없다. 이 과정을 간단한 도식으로 설명하면 다음과 같다.

> 나만의 핵심 감정이 활성화됨 → 직접적, 간접적인 경험을 떠올림 → 감정이 자극을 받음 → 통찰을 얻음 → 영감이 떠오름

이 과정에서는 경험이 매우 중요하다. 직접 경험인지 간접 경험인지는 상관없다. 직접 경험은 몸소 부딪히면서 그 경험치를 스스로 해석하고 체화하기에 생각의 범위가 자유롭다는 장점이 있지만, 그 경험에 담긴 이치를 깨닫지 못하거나 자칫 지나칠 수도 있다. 간접 경험은 주로 제3자의 경험이나 해석을 수용하는 방식으로 얻기 때문에 정보의 범위가 한정되는 반면, 빠르게 필요한 정보를 습득할 수 있다. 영감을 얻는 데는 직접적이든 간접적이든 모든 경험이 도움이 되기 때문에 가능성을 높이기 위해서는 어떠한 방법으로든 다양한 경험에 투자하는 것이 매우 의미 있다. 그래서 핵심 감정이 뚜렷할수록 경험과 연결하는 힘이 더욱 단단해진다.

## 달마가 맥도날드 햄버거를 먹게 된 사연

대학 시절, 처음으로 학부생들이 기획한 전시에 참여한 적이 있다. 참가자가 많은 만큼 대규모 전시장에서 행사가 열렸는데, 전시된 작품만 무려 100점이 넘을 정도였다. 동양화를 전공한 나는 나무가 가득한 숲길을 그린 작품 한 점을 출품했는데, 대중에게 선보이는 첫 작품이었던 터라 반응이 어떨지 제법 궁금했다. 그림이라면 늘 자신이 있는 데다 순수미술 활동을 하기 이전에도 웹툰을 연재하며 많은 인기를 끈 적이 있어서, 솔직히 겉으로 티를 내진 않았지만 제법 자긍심에 차 있었다.

마침내 전시가 시작되자 나는 일부러 내 그림 주위를 서성이며 사람들의 반응을 살폈다. 그런데 기대했던 것보다 반응이 별로였다. 내 그림 앞에서 오래 머무는 사람도 없었고, 지나가면서 한번 쓱 훑어보는 정도가 대부분이었다. 매우 허탈해져서 다른 작품 쪽으로 슬쩍 시선을 돌려보니 크게 다르지 않았다. 그림 앞에 오래 머무는 관객은 찾아보기 힘들었고, 다들 이 작품 앞에서 잠시 머물다 또 저 작품 앞에서 잠시 머물곤 하며 전시장을 이리저리 배회하는 듯했다.

그러다 한 관객과 잠시 대화를 나누게 되었다. 그분은 한눈에

보기에도 평소 미술을 자주 감상하러 다니는 분 같았다. 그분은 실망스러운 표정을 지으며 이렇게 말씀하셨다.

"작품 앞에 그래도 3초 이상은 머물 만해야 하는데, 여기 있는 작품들은 썩……."

이분에 따르면 내 작품 앞에 관객이 최소 3초 이상은 머물도록 하겠다는 목표를 가지고 작품 활동을 해야 화가로 성공할 수 있으며, 판매 가능성 또한 높아진다고 말씀하셨다. 이 말을 듣고 웹툰 업계에서 작가들끼리 농담 반 진담 반으로 나눴던 대화가 떠올랐다. 웹툰을 연재할 때도 1, 2화에서 독자를 사로잡지 못하면 작품을 끌고 나아갈 수 없다는 내용인데, 순수미술도 마찬가지라는 생각이 들었다. 그런데 웹툰은 적어도 내가 쓰고자 하는 스토리와 캐릭터를 보여줄 시간이 어느 정도는 있지만, 회화는 단 한 점으로 관객을 사로잡아야 하기에 더욱 만만치 않겠다는 우려가 들었다.

이때부터 나는 회화에도 관객의 발길을 멈추게 할 무언가가 필요하다는 고민을 끊임없이 해왔지만 좀처럼 괜찮은 아이디어가 떠오르지 않았다. 그림을 더 열심히 그려보았지만 관객들의 반응은 달라지지 않았다. 이전까지 그려왔던 방식과 별다른 차이점이 없는 그림만 계속 그려댔으니 어찌 보면 당연한 결과일 것이다. 어린 시절부터 그림을 그리다 보니 습관이 굳어져서 새로운 발상이나 아이디어를 떠올리기가 오히려 더 어려웠다. 사람들이 깜짝 놀랄 만한 작품을 완성하고 싶은데 욕구만 가득하고 몸은 따라주질 않아서 답답했다. 고민을 거듭해도 이렇다 할 아이디어가 떠오르지 않자, 한동안 머릿속에서 이런 생각 자체를 지우고 생활했다.

그렇게 며칠이 지났을 무렵, 길을 걷다가 유독 시선을 사로잡는 장면을 목격했다. 거대한 빌딩 틈 사이로 건물이 보이는데, 언뜻 사찰 같았다. 단단하고 완고하게 느껴지는 유리나 콘크리트 건물과 완전히 다른 기와집 형태를 보니 뭔가 이질감이 느껴졌다. 호기심이 생겨 잠시 걸음을 멈추고 '왜 이런 마음이 드는 걸까?' 고민한 끝에 내가 내린 결론은, 분명 이 사찰은 빌딩 숲이 조성되기 전부터 이곳에 있었을 것이라는 점, 그리고 일부러 철거하지 않을 정도로 가치 있는 건축물일 것이라는 점이었다.

며칠이 지난 어느 날, 문득 그 사찰이 왜 거기에 있는지 나도 모르게 또다시 고민하게 되었다. 순간 뇌리에 강력한 생각이 스쳐 지나갔다.

'아! 결론을 내릴 수 없으니 계속해서 이 질문을 떠올리는 거구나!'

이러한 현상을 내 작품에도 접목할 수 있다면 관객들의 걸음을 멈추게 할 수 있을 것 같았다. 내 전공인 동양화에서 가장 강력한 캐릭터가 무엇일까 고민하다가 달마대사를 떠올렸고, 이와 정반대되는 아이템으로 마찰을 일으켜 이질감을 심어주기 위해 맥도날드를 선택했다. 또한 그동안의 미술품이 한 화면에 그림 전체를 표현했다면, 나는 웹툰 연재 경험을 살려 세 점을 나열해서 짧은 스토리까지 부각시키기로 했다. 이후 몇 번의 시도 끝에 새로운 작품을 완성했다. 나의 인지도를 높여주고 국내 주요 미술관에 초대받을 수 있게 해준 〈108달마도 시리즈〉이다.

이 작품을 시작으로 나는 계속해서 연작을 발표하며 코카콜라를 마시는 달마, 스타벅스에 간 달마, 아이폰을 쓰는 달마 등 현대 문명을 누리는 달마를 그렸다. 이 작품을 하면서 무엇보다 만족스러웠던 건 관객들이 내 그림 앞에서 제법 오래 머물며 감상하는 모습을 지켜볼 수 있었다는 점이다.

내가 만약 어떻게든 대중의 흥미를 끌어야겠다는 고민을 하지 않았다면, 빌딩 사이에서 사찰을 발견하고도 흥미롭다는 생각을 하지 못했을 것이다. 그런 생각을 했어도 하루만 지나면 잊어버리는 단편적인 아이디어를 잠시 떠올리는 정도에서 그쳤을 것이다. 핵심 감정의 힘을 경험과 통찰로 연결시킨 덕분에 내 결과물의 가치를 더욱 높일 수 있는 창의성과 영감을 얻을 수 있었다.

〈맥도날드 햄버거를 먹고 있는 달마〉, 김일동, 2009년

## 안타까움에서 탄생한 악기

2023년 문화예술 교육 관련 프로젝트에서 만난 한국예술종합학교 우광혁 교수는 비전공자들도 누구나 쉽게 연주할 수 있는 악기를 항상 고민하셨다. 일반적인 악기를 연주하려면 먼저 악보 보는 법을 공부하고, 손가락으로 악기를 능숙하게 다루는 법을 익혀야 곡 하나를 제대로 연주할 수 있다. 그런데 이 상태에 도달하기까지는 상당한 시간이 걸리기 때문에 초반에 흥미를 잃은 사람들은 악기와 친해질 수 없다. 물론 이런 고민을 해결할 답을 찾는다는 것도 결코 만만한 일이 아니었다.

어느 날, 우 교수는 작업실 보일러를 수리하기 위해 기술자를 불렀는데, 예순 정도로 보이는 그를 보고 놀라운 사실을 깨닫는다. 그분은 젊은 시절 기계를 다루다가 부상으로 왼손 엄지를 제외한 나머지 손가락이 모두 절단된 상태였는데도 능숙하게 배관 수리를 했던 것이다. 수리가 끝난 뒤 우 교수는 감사의 뜻으로 그분에게 직접 리코더 연주를 들려주었는데, 연주를 마치고 보니 기술자의 눈가가 젖어 있었다고 한다. 보통 사람들은 연주 선물을 받으면 기뻐하는 게 일반적인데 의외의 반응에 우 교수는 처음에 살짝 당황했단다. 그런데 기술자가 이런 말을 꺼냈다고 했다.

"저는 손가락이 없어서 악기를 연주하고 싶어도 나와는 상관 없는 일이라 생각하고 살았는데, 이렇게 직접 연주하시는 걸 들을 수 있어서 너무 감동적입니다."

기술자의 화답에 우 교수는 큰 감동을 받았고, 이분이 연주를 할 수 있으려면 손가락을 사용할 필요가 없어야 한다는 데 생각이 미친다.

바로 그 순간, 이것이라면 손가락 없이도 누구든지 연주할 수 있겠다는 아이디어를 떠올렸고, 2년 넘게 고민한 결과 악기 하나를 만든다. 리코더처럼 손가락으로 구멍을 막거나 열면서 입으로 바람을 불어 연주하는 방식이 아니라, 손바닥 전체로 악기를 감싸서 바람이 이동하는 공간의 넓이를 조절하는 원리였다. 여러 개의 구멍이 없어졌으니 당연히 악보가 없어도 자신이 기억하는 멜로디를 마치 휘파람을 불듯 감으로 연주할 수 있는 악기다. 몇 번의 연습으로 바람을 익숙하게 조절할 수 있으면 누구든지 악기를 연주할 수 있다.

이러한 결과가 예술 분야에서만 가능한 것은 아니다. 나의 핵심 감정을 잘 이해하고 적극적으로 활용하는 방법만 안다면 누구든지 자신만의 창의적인 결과물을 만들어낼 수 있다.

## 나만의 핵심 감정의 가치

어떤 목표를 이루고 싶을 때 그 이유를 찬찬히 살펴보면 목표를 달성해서 얻을 수 있는 결과물 자체보다는 그 과정에서 느끼는 성취감을 통해 내면을 충족시키고 싶어서인 경우가 있다. 그런데 감정은 물리적, 시각적으로 구체화할 수 없기 때문에 반드시 현실에서 감정을 투영할 수 있는 대상이 필요하다. 안타까운 점은 우리가 역사적, 예술적, 인류사적으로 가치 있다고 평가하는 위대한 결과물을 통해서 접할 수 있는 것은 그에 관한 이론, 배경지식 정도일 뿐 이 위대한 결과물들이 어떤 과정을 거쳐 세상에 탄생했는지는 알 수 없다는 점이다.

가령 우리는 만유인력의 법칙이 무슨 내용인지, 뉴턴이 무엇을 보고 아이디어를 얻어서 이 공식을 완성했는지 알고 있지만 뉴턴의 핵심 감정, 떨어지는 사과를 보는 순간 느꼈을 그만의 스토리 등을 알 수는 없다.

우리가 매일 사용하는 생필품의 탄생 과정도 마찬가지다. 세상에 존재하는 모든 상품, 브랜드를 바라볼 때 그 결과물이 탄생하기까지의 핵심 감정도 알 수 있다면 그 결과물의 소중함과 가치를 새삼 다른 관점에서 바라보는 경험을 할 수 있다. 이런 경험이 누적될수록 타인을 이해하고 공감하는 우리의 내면 또한 더욱 넓어지고 깊어질 것이다.

　이러한 연습이 소중한 또 다른 이유는, 더 큰 창조성을 발현하는 계기를 만들 수 있기 때문이다. 또한 세상의 모든 것을 물질적인 기준으로만 평가하는 인식에서 벗어나 현시대의 문제점을 다양한 각도로 인지하고 해결할 수 있는 통찰력을 얻을 수 있기 때문이다. 모든 사람들의 감정을 존중해야 하는 이유도 여기서 찾을 수 있다. 나를 잘 알고 나의 핵심 감정을 지킬 수 있다는 것은 결국 나만의 창의성을 가질 수 있고, 드러낼 수 있다는 의미이기도 하다.

　그럼 지금부터는 이토록 소중한 나만의 핵심 감정을 발견하여 그것을 실제 '결과물'로 탄생시키는 과정을 소개하겠다.

**2부 핵심 감정을 활성화시키는 방법**

# 3부

# 창의성을 발현하는 8단계 프로그램

# 8단계 프로그램을
# 제대로 활용하는 법

실체가 없는 감정을 보고 만지고 활용할 수 있는 무언가로 완성시킨다는 것이 굉장히 막연하고 어렵게 느껴질 수 있다. 하지만 걱정할 필요는 없다. 모든 과정에 마치 공식처럼 적용할 수 있는 프로세스가 있기 때문이다.

20년 넘게 작품 활동을 하는 동안 '이 대상을 바라보는 나의 감정이 무엇인지'를 포착하려고 노력했다. 처음에는 이것이 예술가들이 일하는 방식인 줄 알았는데, 여러 직업을 가진 사람들을 만나다 보니 그게 아니었다. 생필품이든 서비스든 예술 작품이든 문화 콘텐츠든, 세상에 존재하는 모든 것은 그것을 처음 개발한 사람의 감정이 극도로 활성화된 결과물이라는 사실을 분명하게 느낄 수 있었다.

그래서 3부에서는 앞에서 설명했던 내용을 기반으로 '나만의 결과물을 완성하는 방법'을 소개하려 한다. 지식, 학벌, 재능, 전공 같은 것은 상관없다. 지금부터 소개할 8단계 프로그램을 잘 활용하면 누구나 유의미한 결과물을 세상에 선보일 수 있다.

| | 지니어스북 8단계 프로그램 | |
|---|---|---|
| 준비 과정:<br>핵심 감정 파악하기 | 1단계 | 나만의 관점으로 대상을 바라보기 |
| | 2단계 | 나만의 방식으로 재구성하기 |
| | 3단계 | 목표를 실현하는 감정의 힘을 이해하기 |
| 실천 과정:<br>핵심 감정을 결과물로<br>완성하기 | 4단계 | AA테스트 - 감정을 그림으로 표현하기 |
| | 5단계 | 나만의 목표를 설정하기 |
| | 6단계 | 핵심 감정을 결과물로 완성하기 |
| 관리 과정:<br>핵심 감정 유지하기 | 7단계 | 문제에 직면하기 |
| | 8단계 | 내면을 점검하기 |

1~3단계에서는 지금까지 살아온 서사를 살펴보면서 창의성을 구현하는 데 필요한 다양한 감정을 발견한다. 4~6단계에서는 목표를 정하고 구체화하는 과정을 이해한다. 7~8단계에서는

목표를 실천하는 과정에서 생기는 문제점을 해결하고 우리의 내면을 주기적으로 점검하면서 균형을 유지하는 법을 익힌다. 각 단계별 질문에는 솔직하게 답을 하되, 반드시 솔직한 감정을 기준으로 삼아야 한다. 시간을 정해둘 필요도 없다. 한 시간 만에 8단계를 완성할 수도 있고, 며칠 걸릴 수도 있다. 한두 달 뒤에 다시 이 책을 펼치면 지난번에는 생각하지 못했던 아이디어가 떠오를 수도 있다.

이 프로그램은 우리의 감정을 다루는 만큼 정답이 없고, 시험 문제를 풀 듯 답변할 필요도 없다. 한 번 해보고 끝내기보다는 새로운 발상이 필요할 때, 삶에 변화를 주고 싶을 때, 좀 더 나은 해결책을 찾고 싶을 때 언제든지 반복해도 된다. 워크북을 작성하는 시간을 나의 내면으로 떠나는 여행이라고 생각하자.

### 워크북을 더욱 효과적으로
### 활용하는 법

친구나 지인에게 마음속 깊은 이야기를 털어놓았던 경험이 있을 것이다. 내가 평소 좀 더 편안하게 느끼는 사람이라면, 그에게 개인적인 이야기를 할 때 같은 에피소드를 들려주더라도 감정에 좀 더 충실해지는 경향이 있다. 이럴 때는 평소보다 내용을 더 과장하거나 흥분하거나 호탕하게 웃기도 하면서 나도 모르게 말이 술술 나온다.

이런 경험은 쓸데없는 시간 낭비가 아니다. 지나치게 사적하거나 민감한 주제만 아니라면 가까운 사람들에게 나의 이야기를 털어놓고 수다를 떠는 동안 잠시 마음이 편안해지고 가슴이 따뜻해지면서 세상을 좀 더 긍정적인 시선으로 바라볼 수 있다.

8단계 프로그램을 하다 보면 스스로를 찬찬히 돌아보는 과정에서 내가 언제 좀 더 감정적이 되는지 알 수 있는데, 이때가 바로 자신의 핵심 감정을 발견할 수 있는 좋은 기회다. 이른바 '나의 서사'를 써내려가는 시작점인 것이다. 나의 서사를 찾아가는 과정이라고 생각하면서 워크북을 활용한다면 더 좋은 결과를 얻을 수 있을 것이다.

이 워크북을 소모임에서 활용하는 것도 추천한다. 실제로 다양한 소모임에서 수차례 진행해본 결과, 참가자들이 서로에 대해 피상적으로만 알고 있던 정보 외에 각자를 움직이게 하는 내적 동기, 그러한 동기가 만들어진 계기 등을 이해하는 과정에서 구성원 모두의 감정이 활성화되는 것을 확인했다. 이러한 시간이 차곡차곡 쌓이면 모임의 목적에 부합하는 시너지 효과 또한 더 잘 발휘할 수 있을 것이다.

# 1단계
# 일상을 감정 위주로 기록하기

가장 먼저 지난 시간을 찬찬히 돌아보자. 유독 선명하게 떠오르는 즐거웠던 일, 힘들었던 일, 결정적 순간 등을 가만히 되새기다 보면 언제 어떤 상황에서 감정이 잘 충족되는지, 그때 어떤 선택을 주로 하는지 파악할 수 있다. 어떤 감정이 채워질 때 자주 '행동'하는지 이해하면 나는 무엇을 할 때 '가장 창의적인 상태가 되는지'도 자연스레 알 수 있다.

이때 감정과 느낌을 반드시 손으로 직접 써보는 것이 좋다. 감정은 눈으로 보거나 만질 수 없고 실체도 없기에 단어, 그림, 소리, 물건 등 구체적으로 인식할 수 있는 것으로 형식을 정해주는 것이 매우 중요하다. 우선 이 워크북에서는 가장 간단하게 할 수 있는 메모 활용법을 소개하겠다.

　감정을 메모할 때 기억할 점은 온전한 자신의 관점과 마음을 제약 없이 작성해야 한다는 것이다. 퍼뜩 떠오르는 짧은 단어나 문장도 좋고 개인적인 경험이나 견해도 좋다. 형식에 얽매일 필요 없이 모든 것이 가능하다. 벚꽃을 예로 들어보자.

| 객관적 메모 | 감정 메모 |
|---|---|
| • 장미과에 속하는 낙엽성 교목<br>• 정식 명칭은 벚나무<br>• 개화 시기는 4~5월<br>• 친구와 항상 벚꽃 축제를 보러 감<br>• 기후 문제 때문인지 피어 있는 기간이 점점 짧아짐 | • 꽃잎이 흩날리면 마치 내 머리 위로 축복이 뿌려지는 느낌<br>• 온 세상이 화사하고 아름다워 보인다<br>• 아무리 바빠도 친구들과 여의도, 잠실 등으로 벚꽃 구경을 꼭 하러 갔었지. 올해도 찰나의 행복을 놓치고 싶지 않아<br>• 벚꽃을 연상시키는 웨딩드레스를 입어보고 싶어 |

　왼쪽은 메모에서 그칠 뿐 다른 생각이나 행동으로 확장되지 않는다. 반면 오른쪽은 감정을 발판 삼아 다양한 추억과 감정으로 연결된다. 친구에게 연락하거나 행복한 결혼 생활을 상상하는 등 다음 단계의 생각과 행동으로 이어지는 것이 둘의 가장 큰 차이점이다.

**감정은 결국 서사로 이어진다**

살면서 느꼈던 수많은 감정이 모여 우리의 인생이 지금까지 이어져왔다는 사실을 이제는 완전히 이해했을 것이다. 작은 물줄기가 모여 큰 강이 생기고 먼 바다로 흘러가듯 지금 나의 모습에는 아주 오래전부터 비롯된 여러 감정과 느낌이 차곡차곡 새겨져 있다. 감정이 쌓여 인생의 서사가 완성되는 과정을 간단하게 표현하면 다음과 같다.

감정 → 행동 → 습성 → 일화 → 서사

이 5단계를 명확하게 이해하는 것이 매우 중요하다. 일련의 과정이 워크북의 최종 목적인 나만의 목표를 세우고 결과물을 탄생시키기까지의 전 과정에 동일하게 적용되기 때문이다.

이 예시 외에도 핵심 감정을 충족시키는 또 다른 대상이 있다면 추가로 작성하면서 또 다른 인생 서사를 발견해보자.

### 나의 일상을 감정 메모로 직접 작성하기

지금까지 경험했던 일화 중 감정을 강하게 자극받았거나 충족시킨 대상을 한 가지 떠올리고 아래 빈칸에 기록한다. 대상은 인물, 물건, 사건, 상황, 현상, 매체 등 무엇이든 상관없다. 왼쪽에는 그 경험에 대한 객관적 정보를, 오른쪽에는 당시 나의 감정과 기분이 어땠는지 작성한다.

나의 핵심 감정을 충족시키는 대상은 (                    )

| 객관적 메모 | 감정 메모 |
|---|---|
|  |  |

이번에는 아래 순서에 맞게 자신의 일화를 대입해본다.

| 1 | 2 | 3 | 4 | 5 |
|---|---|---|---|---|
| 당시 감정 | 그로 인한 행동 | 행동에서 비롯된 습성 | 기억에 남는 일화 | 나의 인생 서사 |
| | | | | 지금의 나 |

 이 5단계를 명확하게 이해하는 것이 매우 중요하다. 일련의 과정이 워크북의 최종 목적인 나의 목표를 세우고 결과물을 탄생시키기까지의 전 과정에도 적용되기 때문이다.
 지금 기록한 예시 외에도 핵심 감정을 충족시키는 또 다른 대상이 있다면 추가로 작성하면서 더 많은 인생 서사를 발견해보자. 이 과정을 반복하다 보면 그동안 몰랐던 나의 모습을 계속해서 발견할 수 있을 것이다.

## 2단계

# 나만의 방식으로
# 재구성하기

이번에는 자신의 방식으로 일화를 재구성하는 과정이 필요하다. 벚꽃을 보고 5월의 신부가 입은 아름다운 웨딩드레스, 그리고 행복한 신혼 생활을 상상했다면 벚꽃이라는 외부 대상을 내 방식대로 재구성해서 수용한 것이다. 어떤 대상이든 이렇게 가공을 하려면 자신에게 맞는 재료와 도구가 필요한데 그것은 자신의 서사 속에서 발견할 수 있다. 벚꽃을 보면서 어린 시절 행복했던 가족여행을 떠올리고, 그 기억을 통해 결혼해서 행복하게 살아가는 미래를 상상한다면 가족여행은 '재료'가 되고 결혼 생활을 상상하면서 느끼는 행복은 '도구'가 된다.

나만의 방식(자기화)으로 재구성하는  ⎡ **경험** = 재료
⎣ **감정** = 도구

우리의 서사에는 저마다 쌓아온 다양한 일화가 존재한다. 어떤 일화가 더욱 특별하게 다가오는 이유는 그 일화의 중심에 핵심 감정을 기준으로 상황을 바라보기 때문이다. 시간이 지나도 행복함, 성취감, 애절함, 미안함, 아쉬움, 분노 등 당시의 여운이 남아 있다는 건 그만큼 핵심 감정이 강렬하게 녹아 있다는 뜻이다. 반대로, 어떤 경험에 감정이 별로 개입되지 않았다면 그 경험은 우리의 기억 속에 강렬하게 남지 않는다. 그래서 일화에 대한 기억은 지극히 사적인 관점을 지닌다.

### 서사는 감정의 저장고

재료와 도구들이 창고에 잘 보관되어 있으면 필요할 때 수월하게 찾을 수 있다. 만약 그 창고가 구역별로 정리까지 잘 되어 있다면 한눈에 파악하기도 좋을 것이다. 창의성을 발휘하는 과정도 마찬가지다. 살면서 쌓아온 다양한 서사에는 수많은 감정

들이 보관되어 있기에 일종의 저장고 역할을 한다. 창의성을 발휘하려면 지금의 상황에서 느끼는 핵심 감정을 더욱 강하게 자극할 만한 계기가 필요한데, 이 감정이 잘 담긴 서사가 마음속에 저장되어 있다면 다시 적절하게 꺼내 쓸 수 있다. '나를 위한 체력 관리'라는 목표를 세워도 무작정 운동을 하는 것과 서사에 담긴 핵심 감정을 활용하는 것에는 확연한 차이가 있다.

> 일반적인 목표: 나를 위한 체력 관리
>
> 핵심 감정을 활용하는 목표: 아쉬움 → 나를 위한 체력 관리
>                    (핵심 감정)
>              ↑ 체력 저하로 휴가 때 가고
>                 싶었던 곳을 가지 못함(경험)

여기서 한 가지 기억해두면 좋을 것이 있다. 과거의 서사에 담긴 다양한 감정 중에는 큰 실수나 잘못을 해서 떠올리기 싫은 것도 있을 것이다. 그래도 감정은 늘 상대적이다. 후회나 실패를 경험한 사람이 절실함을 더 잘 알 듯, 과거의 부정적인 감정도 훌륭한 계기로 활용할 수 있다.

우리 내면에 쌓여 있는 수많은 경험과 일화를 통해 어떤 상황에서든 큰 도움이 될 만한 좋은 감정을 많이 찾아내자. 지난 서

사를 회상하면서 그 안에 담긴 여러 핵심 감정을 떠올리는 연습을 꾸준히 한다면 반드시 내면의 창고를 보기 좋게 정리할 수 있을 것이다.

**떠오르는 일화를 활용해
나의 감정 알아보기**

1. 가장 기억에 남는 일화를 떠올린 다음 아래 빈칸에 작성한다. 우선 이 일화의 제목을 지어보자. 다음으로 어느 시기에 있었던 일인지 적는다. 정확한 연도를 써도 되고 기억이 나지 않는다면 적당한 시기를 기입해도 좋다.

일화는 어떤 식으로 작성해도 상관없다. 스토리 라인으로 써도 되고, 일기처럼 써도 좋다. 기억에 남는 대사나 장면, 특정한 키워드, 그림이나 낙서로 남겨도 좋다.

일시:                제목:

2. 이 일화를 지금까지 기억하는 이유가 무엇인지, 관련된 감정을 떠올려본다. 다양한 감정이 떠오른다면 모두 적은 다음, 그중 가장 핵심이 되는 감정은 무엇인지 생각해본다.

---

이 작업이 나의 특정한 모습을 단편적으로 보여줄 수도 있지만, 시간을 내어 여러 일화를 자주 작성하다 보면 그동안 인식하지 못했던 다양한 감정에 깊게 접근할 수 있다.

이 작업을 꾸준히 하다 보면 아직 살아보지 않은 미래 역시 자신만의 방식으로 재구성할 수 있다. 살면서 닥칠 일들을 해결하는 데 필요한 도구와 재료가 지금까지 발견한 우리의 인생 서사 어딘가에 포함되어 있기 때문이다. 그러니 2단계에서는 지금까지 했던 경험과 그때마다 느꼈던 감정들을 잘 찾아내는 데 집중해보자. 자신의 서사를 잘 이해할수록 나를 가장 잘 사용할 방법을 찾을 수 있다.

**3단계**

# 감정의 근원을 이해하고 현실적인 목표 세우기

핵심 감정을 아는 것만큼 핵심 감정이 가진 힘이 어떻게 발현되는지 이해하는 것도 중요하다. 핵심 감정에서 비롯되는 힘이 목표 달성을 위해 나아가는 과정에서 에너지가 되어 우리를 지치지 않게 하고, 우리를 스쳐가는 무수한 기회들을 알아보게 하기 때문이다. 따라서 내면에서 핵심 감정의 힘을 잘 이끌어낸다면 저마다 원하는 결과를 달성하는 데 직접적인 도움을 얻을 수 있다. 3단계에서는 이 원리를 좀 더 자세히 살펴보겠다.

## 나만의 감정 소개서 작성하기

1. 먼저 왼쪽 칸에 과거의 일화를 쓰고, 오른쪽에 현재의 일화를 작성해보자. 과거의 일화를 쓸 때는 지금의 내 모습과 가장 관련 있는 것을 고르는 것이 좋다. 또한 현재의 일화를 쓸 때는 왼쪽에 정리한 과거의 일화에서 비롯된 지금의 나에 대해 작성해보기를 추천한다. 간단한 키워드로 정리하든 일기처럼 쓰

_____ 의 감정 소개서

작성일 : 20  년   월   일

| 과거 | 현재 |
|---|---|
| 지금의 나와 가장 관련 있는 일화 | 과거 일화에서 비롯된 지금 나의 일화 |
|  |  |

든 형식은 상관없지만, 두 가지 중요한 사항이 있다. 첫째, 과거의 일화와 현재의 일화 사이에 자신만의 타당한 개연성이 있어야 한다. 둘째, 두 가지 일화를 떠올릴 때 느껴지는 감정이 무엇인지 찬찬히 들여다보아야 한다.

2. 과거의 일화와 현재의 일화를 생각할 때 느껴지는 다양한 감정을 모두 떠올려본다.

3. 이 중에서 가장 핵심이 되는 감정이 무엇인지 아래 빈칸에 기입한다.

| 과거 | 계기가 되는 핵심 감정 | 현재 |
|---|---|---|
| 지금의 나와 가장 관련 있는 일화 | | 과거 일화에서 비롯된 지금 나의 일화 |

과거와 현재 사이에는 반드시 결정적 계기가 되었던 핵심 감정이 존재한다. 핵심 감정의 힘이 바로 이 연결을 가능하게 한다. 이 힘이 강하면 강할수록 과거와 현재 사이의 개연성이 더욱 탄탄해진다. 어린 시절 큰 성취감을 맛보고 희망을 느끼는 만족스러운 경험을 했다면, 이때를 생각하며 자신을 더욱 발전시키

려 한다. 반대로 좌절감, 아쉬움, 슬픔 등을 느꼈다면 어떻게든 그 상황을 극복하려는 의지를 다질 것이다.

4. 이번에는 미래의 내 모습을 작성해본다. 이 단계에서 가장 중요한 것은 얼마나 '선명하게' 상상하는가이다. 핵심 감정의 힘이 강할수록 미래를 더욱 선명하게 상상할 수 있다.

| 현재<br>과거 일화에서 비롯된<br>지금 나의 일화 | 계기가 되는 핵심 감정<br>_____ | 미래<br>앞으로 실현될<br>나의 모습 |
|---|---|---|

5. 이제 본격적으로 나의 미래를 작성해보자. 행복하다, 성공하다, 자랑스럽다, 여유롭다 등 가장 멋진 모습을 생생하게 떠올리며 영화의 한 장면을 묘사하듯 최대한 자세하게 작성한다. 구체적인 시기, 장소, 주변 사람들까지 포함해서 가상 일기를 쓰거나 그림으로 그려도 좋다. 감정을 더욱 극대화시키고 싶다면 인터넷에서 자신이 상상하는 미래와 가장 비슷한 이미지를 찾아 휴대폰에 저장해두고 수시로 들여다보는 것도 좋다.

| 미래 |
|---|
| 앞으로 실현될 나의 모습 |
|  |

6. 미래의 모습을 상상했다면, 이제 이 상상을 현실로 만들기 위해 무엇을 어떻게 해야 할지 실천 목록을 적어본다. 현실적인 목표든 그렇지 않든 상관없으니 목록을 적으면서 부담을 느낄 필요가 없다. 중요한 것은 상상하는 행위 자체다. 지금 떠올리는 모든 것이 정답이 될 수 있다.

**상상을 현실로 만들기 위한 실천 목록**

1.
2.
3.
4.
5.

## 목표를 현실로 만드는 법

'간절하게 바라면 온 우주가 나서서 그 꿈이 이루어지도록 도와준다'라는 말이 있다. 이 말이 막연하고 추상적인 정신 승리라고 생각할 수도 있지만, 진정한 의미를 생각해보면 틀린 말도 아니다. 간절하게 바란다는 것은 이 꿈에 그만큼 강렬한 핵심 감정이 작용한다는 뜻이다. 그러니 핵심 감정에서 비롯되는 개연성 역시 뚜렷해질 수밖에 없다. 간절할수록 그 꿈을 이룬 자신의 모습을 생생하게 상상할 수 있으니 열정과 에너지도 집중해서 쏟을 수 있다.

핵심 감정을 충족시키는 대상을 발견하면 그것과 가까워지는 방법을 다양하게 고민하기 마련이다. 만약 내가 뮤지컬 덕후인데 좋은 좌석에서 공연을 관람할 때 느끼는 행복과 즐거움이 무척 크다면 퇴근 후 공연장까지 가장 빠르게 갈 수 있는 방법, 예매할 때마다 좋은 좌석을 선점하는 방법, 한정된 월급으로 공연을 다양하게 볼 수 있는 비결을 고민하느라 촉각을 곤두세울 것이다. 이러한 행동은 뮤지컬과 더욱 가까워지고 뮤지컬 관람을 인생의 중요한 가치로 삼는 데 영향을 미친다.

그래서 '간절하게 바라면 그 꿈이 반드시 이루어진다'라는 말을 근거 없는 정신 승리라고 쉽게 단정 지어서는 안 된다. 핵심 감정을 통해 창의성이 발현된다는 맥락에서 본다면 이 말은 진리이다.

우리 모두는 같은 시공간에서 비슷한 경험을 하며 살아가지만 각자가 느끼는 감정은 제각각이다. 같은 시대를 살아가면서도 저마다 자신만의 세계를 살아가는 유일한 존재이기도 하다. 누구나 나만의 창의성을 발현할 수 있는 이유는 바로 이 때문이다.

소소한 행동을 통해 그 사람의 인생과 본질을 가늠할 수 있듯, 짧은 순간에라도 감정이 움직이는 계기가 생기면 그 사람만의 창의성이 드러날 수 있다. 일련의 단계를 통해 '나는 무엇을 할 때 감정이 활성화되는 존재인지' 발견할 수 있기를 바란다.

# 4단계

# 감정을
# 그림으로 표현해보기

이 단계의 목표는 3단계와 같다. 눈에 보이지 않는 감정을 실체가 있는 결과물로 직접 드러내보는 것이다.

나는 강연을 할 때 이 단계를 'AA 테스트'라고 소개하는데, 여기서 AA란 이미 누구나 예술가Already-Artist라는 뜻이다. 창의성은 소수의 예술가나 창작자의 전유물이 아니라 모든 사람이 태어날 때부터 가지고 있는 잠재적 가치이기 때문이다.

AA 테스트를 현장에서 처음 도입한 것은 지난 2017년, 서울대학교에서 실시한 TEDx 콘퍼런스였다. 부대 행사에 참여하는 분들과 함께 해보려고 고안했는데 반응이 엄청났다. 단지 간단한 그림을 그릴 뿐인데 저마다의 아이디어를 발표하는 것을 넘어 다양한 이야기가 쏟아져 나왔다. 이후 기업, 학교, 공공기관, 각종 모임에서 AA 테스트를 진행하면서 지금까지 수천 명을 대상으로 실험을 하게 되었는데, 그때마다 놀라운 점을 발견할 수 있었다. 참가자의 성별, 나이, 직업, 취미가 제각각이고 예술 계통에서 일하는 사람은 거의 없는데도 너나 할 것 없이 자신의 창의성을 녹여낸 독특한 결과물을 완성했다. 돌아가면서 결과물을 발표하고 나면 그 자리의 성격이 어떻든 참가자 모두가 서로에게 공감해 강연이 끝날 즈음에는 유대 관계도 한껏 높아져 있었고, 나 역시 많은 것을 느낄 수 있었다.

4단계에서는 AA 테스트를 직접 해보자. 그림 실력은 중요하지 않으니 부담 가질 필요는 없다. 두 가지 그림을 그리는데, 첫 번째 주제는 '커피'다. 1부에서 소개했듯 거의 대다수 사람들은 커피 그림을 그릴 때 모두가 직관적으로 떠올리는 평범한 커피를 그린다. 아무 감정이 개입되지 않기 때문이다.

**AA 테스트 직접 해보기**

1. 나만의 '행복한 커피'를 자유롭게 그린다. 행복의 기준은 나만 정의할 수 있기 때문에 내가 생각하는 모든 것이 정답이 될 수 있다. 내 마음이 이끄는 대로 마음껏 그려보자.

2. 행복한 커피와 얽힌 나의 이야기를 적어본다. 주변 사람들과 자유롭게 대화를 나누어도 좋다. 나의 행복한 커피에는 어떤

사연이 담겨 있는지 생각해보자. 이 단계가 바로 나의 핵심 감정이 구체적인 결과물로 탄생하는 과정이다.

1단계부터 4단계를 통해 인생 서사에 녹아 있는 고유한 경험에서 핵심 감정을 발견하고 이것을 계기로 나만의 결과물을 완성할 수 있다는 점을 확인했다. 내가 그린 '행복한 커피'에는 다른 커피에서는 찾아볼 수 없는 고유성이 녹아 있다.

행복이라는 핵심 감정을 계기로 커피 그림이라는 결과물을 완성하기까지의 과정을 좀 더 구체적으로 살펴보면, 총 5단계를 거쳤음을 알 수 있다. 물론 각 단계를 매번 의식하면서 작업을 하지는 않았겠지만 분명 이 과정들을 거쳤다. 그림 외에도 멜로디, 노래 가사, 춤, 발명품, 굿즈, 브랜드 등이 탄생하는 모든 과정에도 아래 5단계가 동일하게 적용된다.

| 단계 | 행위 | 과정 |
| --- | --- | --- |
| 1 | '행복'이라는 핵심 감정을 느낌 (계기가 발생) | 감정 |
| 2 | 나의 인생에서 행복했던 기억을 다양하게 떠올림 | 습작 |
| 3 | 커피와 관련 있는 기억을 모음 | 패턴 |
| 4 | 모은 결과물 중 가장 적합한 것으로 스토리를 완성함 | 구조 |
| 5 | '행복한 커피'라는 그림으로 묘사함 | 형식 |

핵심 감정이 구체적인 결과물로 완성되는 과정

## 5단계

# 그럴싸한 목표 대신
# 정말 달성하고 싶은 목표 정하기

이 단계에서는 내가 실제로 달성하고 싶은 목표를 정한다. 자신만의 결과물을 세상에 선보이기 위한 구체적 노력을 시작하는 것이다. 이 단계에서 가장 중요한 점은 진정성이 있는 목표를 세워야 한다는 것이다. 그래야 목표를 떠올릴 때마다 감정이 활성화되고 계속해서 끌리기 때문이다. 나의 핵심 감정이 목표를 이루는 데 직접적인 영향을 미칠 수 있는가가 5단계의 관건이다.

가장 먼저 할 일은, 그 목표의 제목을 정하는 일이다. 제목을 정할 때는 '나의 감정이 개입된 구체적인 내용'과 '결과물의 형식'이 제목에 반드시 포함되어야 한다. 예를 들어 퇴근 후 '힐링할 수 있는 방' 꾸미기라는 목표를 세운다면, '힐링할 수 있는'이 나의 감정이 개입된 구체적인 내용이며 '방'이 형식이다. 내용과 형식을 결합하면 막연하게 목표를 세울 때보다 집중력과 직관성이 높아져서 목표를 달성하는 데 더 많은 도움을 받을 수 있다. 아래 예시를 참고하자.

### 내용과 형식이 포함된 제목 짓는 법

- (건강한 커피) 마시기
- (나를 위한 화분) 키우기
- (배부른 다이어트 식단) 완성하기
- (반려견이 좋아하는 놀이터) 만들기
- (가성비 좋은 일주일 치 도시락) 싸기
- (복을 부르는 그림) 그리기
- (3개월 안에 근육질 몸) 만들기
- (신재생에너지를 개발하는 글로벌 기업) 설립
- (추억이 담긴 AI 영화) 만들기

다시 한번 강조하지만 어떤 목표를 세우든 달성하는 과정은 항상 '핵심 감정이 구체적인 결과물로 완성되는 과정'과 동일하다. 그래서 우리가 상상하는 모든 것이 목표가 될 수 있다.

제목을 정할 때 참고하면 좋을 두 가지 사항이 있다. 반드시 지켜야 하는 규칙이라기보다는 도움이 될 만한 팁 정도로 활용하면 좋다.

**첫째, 규모나 난이도와 상관없이 모든 목표는 소중하다**

'배부른 다이어트 식단 완성하기'라는 목표와 '신재생에너지를 개발하는 글로벌 기업 설립'이라는 목표를 비교해보자. 두 가지 모두 당사자의 핵심 감정이 반영된 목표지만 두 목표를 이루는 데 걸리는 시간, 자금, 에너지 등을 따져보면 둘 사이에는 엄청난 차이가 있다. 따라서 목표를 끝까지 완성하기 위해서는 나의 핵심 감정에 담긴 욕구가 얼마나 크고 강렬한지를 파악할 필요가 있다.

또 하나, 감정이 가진 속성을 이해해야 한다. 언뜻 보면 '신재생에너지를 개발하는 글로벌 기업 설립'은 규모, 실현 가능성, 투입되는 에너지 등에서 '배부른 다이어트 식단 완성하기'와 비교가 되지 않을 만큼 엄청난 목표다. 그런데 한 번 더 생각해보면 어떤 사람에게는 다이어트가 훨씬 성공하기 어려운 목표일 수 있다. 만일 다이어트 계획을 세운 사람이 핵심 감정을 활용해 지금껏 세상에 없던 획기적인 다이어트 식단을 개발한다면, 이를 계기로 다이어트 식품 사업을 시작해 세계적인 기업으로 성장시킬 수도 있기 때문이다. 이처럼 감정의 속성은 물리적인 기준으로 평가할 수 없으며, 오로지 자신만이 그 힘과 가능성을 느낄 수 있다. 그래서 어떤 목표를 정하든, 핵심 감정이 활성화되는지 여부를 중심에 두어야 한다.

**둘째, 철저히 개인적인 목표인지 타인을 위한 목표인지 고민해야 한다**

미술에 비유하자면 순수미술을 할 것인가, 상업 디자인을 할 것인가의 차이와 같다. '배부른 다이어트 식단 완성하기'를 실천할 경우, 내가 다이어트에 성공하기 위해 이 목표를 세울 수도 있고 운동할 시간이 없는 사람들을 타깃으로 밀키트 사업, 원데이 클래스 진행, 식당 창업을 목표로 할 수도 있다. 이러한 차이점이 결과물에 직접적인 영향을 미치기 때문에 자신의 소신과 철학이 무엇인지 기억하면서도 열린 관점으로 내가 세운 목표와 주변 상황을 바라보는 것이 필요하다.

**나만의 목표 정하기**

1. 5단계에서 설명한 내용을 바탕으로 내가 달성하고자 하는 목표를 정한다.

2. 목표 달성에 도움이 될 수 있도록, 핵심 감정과 그 감정의 계기가 되는 나의 서사 속 경험을 발견한다. 2단계에서 설명한 내용을 참고해 우선 떠오르는 굵직한 키워드 위주로 작성해본다. 아래 예시를 참고하자.

· A 목표: 나를 위한 체력 관리
· B 목표: 아쉬움 → 나를 위한 체력 관리
   (핵심 감정) → 여름휴가 때 체력이 약해 여행지에서 관광을 제대로 못 했다

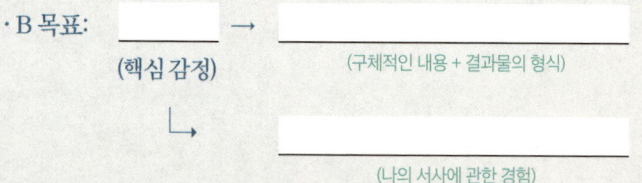

· B 목표: _____ → _____
   (핵심 감정)   (구체적인 내용 + 결과물의 형식)
        _____
        (나의 서사에 관한 경험)

3. 지금까지 소개한 과정을 보충하기 위해 다음 페이지의 도안을 활용해보자. 왼쪽의 1번 꽃잎에 '목표'를, 2번 잎사귀에는

'핵심 감정'을, 3번의 화분에는 '계기'가 되었던 경험을 써본다. 그리고 이와 관련된 생각이 떠오를 때마다 수시로 보완하다 보면 목표가 더욱 명확해질 것이고, 목표 달성을 위해 집중하는 데도 많은 도움이 될 것이다.

예시)

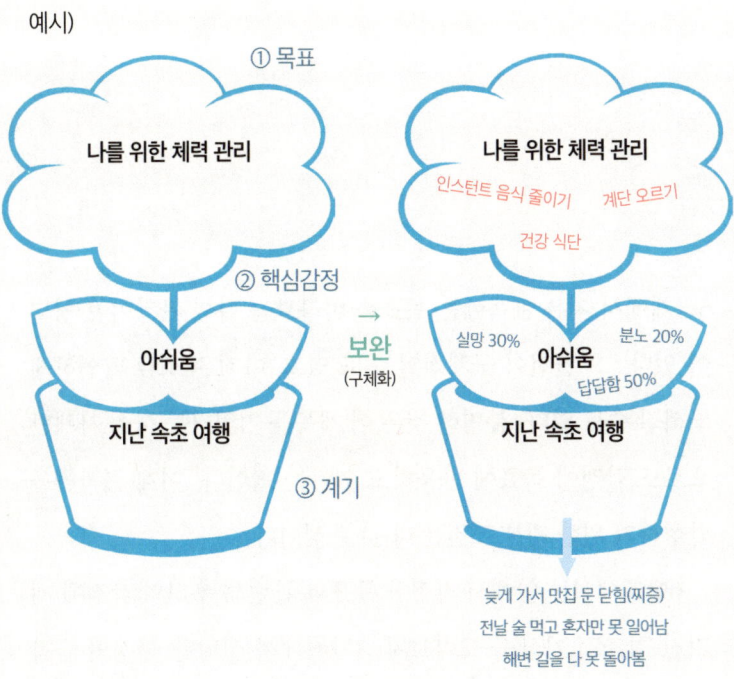

## 6단계

# 핵심 감정을
# 구체적인 결과물로 완성하기

5단계에서 지은 제목에는 목표를 바라보는 나의 관점이 반영되어 있다. 그 관점이 구체적일 수도 있고, 아직은 조금 막연하게 느껴질 수도 있다. 분명한 것은 이 제목을 지었다는 사실 자체만으로도 감정이 목표에 반응하고 있다는 점이다. 이제 결과물을 완성하기 위한 기본 조건은 다 갖춘 셈이다.

  6단계에서는 앞에서 작성한 목표와 관련해 우리의 감정에 새겨진 '창조적 자산'을 모아보자. 1단계에서 설명한 '감정의 습작 메모하기'를 생각하면 된다. 물론 세 가지 차이점은 있다.

· 결과물을 항상 주시할 것

· 나의 관점과 감정을 반드시 포함시킬 것

· 지속할 것

이해하기 쉽도록 '무조건 성공하는 미팅 공식을 모아 책 집필하기'라는 목표를 예로 들어보자. 이 목표에서 이루고자 하는 내용은 '미팅에서 무조건 성공하기'이며 형식은 '책'이다.

제목: 무조건 성공하는 미팅 공식을 모아 책 집필하기

| 객관적 메모 | 감정 메모 |
| --- | --- |
| 9월 11일 거래처 계약 관련 미팅<br>• 5시 ○○○<br>• 광화문역 6번 출구 | 미팅 분위기가 좋아서 함께 식사라도 하려 했는데 식당마다 자리가 없네. 생각해보니 불금이구나. 하필 갑자기 비도 오고.. 아쉽다. 식사는 다음에 해야지 |
| 9월 23일 출판 상담<br>• 오전 10시 출판사<br>• 서울 ○○구 | 오늘 미팅은 완전 대박이다! 어제 미리 자료를 보내두길 잘했네. 시간도 절약했고, 오늘은 내가 좀 멋져 보이네♥ |
| 9월 24일 은주와 저녁 약속<br>• 정확한 시간과 장소는 다시 통화 예정 | 은주가 갑자기 불러내서 화장도 안 하고 급히 나갔는데 뉴페이스의 근사한 남자랑 같이 등장! 오늘 내 이미지 완전 엉망이었을 텐데 왕짜증이다ㅠㅠ 은주 너무해! |
| 11월 20일 대학 동창회 | 1학년 내내 썸을 탔던 경태가 제법 멋있어져서 나왔다. 애인 있을까? 좀 설렌다. |

앞의 메모 중 '감정 메모'가 우리의 창조적 자산이 된다. 같은 대상을 보고도 어떤 감정을 느끼는지는 저마다 다르고, 내가 느끼는 감정은 철저히 나의 것이기에 아무도 흉내 내거나 베낄 수 없다. 이런 메모가 사소하게 보일 수도 있지만 이러한 기록이 점점 쌓이다 보면 실로 놀라운 가치를 발휘한다. 만약 내가 일하는 전문 분야에서 이러한 메모가 상당히 쌓인다면 어느 순간 누구도 범접할 수 없는 고유성과 창의성을 지닌 인재가 되어 있을 것이다. 따라서 감정 메모를 지속하는 것은 이 프로그램의 성공을 위해 아무리 강조해도 지나치지 않을 만큼 중요하며 반드시 확신을 가져야 할 사항이다.

메모를 하는 방식이 따로 정해져 있지는 않다. 워크북을 작성하는 동안 느꼈던 감정을 언제 다시 펼쳐도 바로 알아볼 수 있으면 된다. 날짜순으로 정리할 필요도 없고, 특정 필기구만 고집하거나 형식을 통일할 필요도 없다. 어느 날은 글, 어느 날은 그림, 어느 날은 메모, 어느 날은 스크랩을 해도 상관없다.

### 패턴대로 분류하기

이러한 방식으로 감정 메모를 모으다 보면 성격이 유사한 것들이 드러난다. 이것이 패턴이다. 패턴이 형성되는 이유는 우리의 생각이 항상 목표를 주시하고 있기 때문이다. 우표 수집을 예로 들면, 우표를 다양하게 모으는 과정에서 크기, 디자인, 가격, 발행 연도 등을 기준으로 어느 순간 우표별 유사점이 눈에 들어오는 것과 같다.

좀 더 이해하기 쉽게 '감정 메모'를 바탕으로 성질이 유사한 것끼리 묶어보자. 무엇을 기준으로 삼을지는 각자 정하기 나름이다. 여기서는 '첫 만남에서 보여주는 이미지의 중요성'을 설명해보겠다.

· 9월 24일

은주가 갑자기 불러내서 화장도 안 하고 급히 나갔는데 뉴페이스의 근사한 남자랑 같이 등장! 오늘 내 이미지 완전 엉망이었을 텐데 왕짜증이다 ㅠㅠ 은주 너무해!

· 11월 20일

대학교 1학년 때 나한테 대시했던 찌질이 경태가 오랜만에 나왔다. 스타일이 좀 바뀌긴 했지만 내 눈엔 역시나 거기서 거기다. 그런데 경태를 처음 본 다른 여자애들은 서로 잘 보이려고 너도 나도 애쓴다. 참 이상도 하지?

· 12월 3일

동창회에서 마음이 통한 친구들끼리 송년회를 하기로 했다. 다들 나에게 연락해 경태에 대해 이것저것 물어봤다. 난 아직도 이해가 안 된다. 뭐가 그리 멋있어졌는지 이번에 한번 유심히 볼까?


· 12월 10일

송년회 때 입을 옷을 사려고 백화점에 갔는데, 스쳐 지나가는 사람에게서 좋은 향기가 나서 나도 모르게 돌아보았다. 샴푸 냄새인가? 아님 향수? 향 하나만으로도 이렇게 사람을 기분 좋게 하다니, 나도 좋은 향기를 내는 사람이 되고 싶다.


· 12월 15일

많이 춥지 않고 햇살도 유난히 밝았던 하루. 길에서 마주치는 사람들이 모두 즐거워 보인다. 크리스마스를 앞두고 다들 행복해 보여서 나도 덩달아 기분이 좋아진다. 회사든 모임이든 나를 만나는 사람들이 나를 보고 같은 생각을 하면 좋겠다. 언제 어디서든 긍정적이고 밝은 모습으로 나를 각인시켜야지!


'첫 만남에서 보여주는 이미지의 중요성'을 중심으로 메모를 모으다 보면 이런 내용들이 눈에 들어올 것이다. 이런 방식으로 다양한 감정의 습작을 얼마든지 모을 수 있다. '내가 생각하는 자신감 있는 태도', '어디서든 지켜야 할 기본 매너', '상대방의 신뢰감을 높이는 경청의 태도' 등 주제는 얼마든지 만들어낼 수 있다. 이처럼 다양한 주제별 패턴들을 잘 정리한다면 결과물의 완성도를 높이는 데 더욱 도움이 된다.

### 구조화하기

가득히 쌓인 메모를 여러 패턴별로 분류했다면, 이제는 이 패턴을 통해 발견한 목표의 본질적 의미, 즉 최종 결과물에서 활용할 수 있도록 재구성할 차례다. 그래서 패턴을 거기에 적합하게 정리하는 과정이 필요한데, 이것이 바로 구조화이다. 여기서는 최종 목표를 책 집필 예시로 들었으니, 실제로 책의 내용이 될 수 있도록 구조화해보겠다. 아래 예시를 통해 더 자세히 살펴보자.

- 은주가 갑자기 불러내서 화장도 안 하고 급히 나갔는데 뉴페이스의 근사한 남자랑 같이 등장! 오늘 내 이미지 완전 엉망이었

을 텐데 왕짜증이다 ㅠㅠ 은주 너무해!

→ 부담 없이 가볍게 만나는 자리에서도 예상치 못한 만남의 기회가 생길 수 있다. 게다가 첫인상은 훨씬 강렬하니, 언제 어디서 누굴 만나도 좋은 이미지로 기억될 수 있도록 적당히 긴장하는 자세를 유지하자.

· 대학교 1학년 때 나한테 대시했던 찌질이 경태가 오랜만에 나왔다. 스타일이 좀 바뀌긴 했지만 내 눈엔 역시나 거기서 거기다. 그런데 경태를 처음 본 다른 여자애들은 서로 잘 보이려고 너도나도 애쓴다. 참 이상도 하지?

→ 오래전에 만남을 가진 누군가를 시간이 훌쩍 지난 뒤에 다시 만나게 되는 상황이 발생하기도 할 것이다. 특히 한 직종에서 오랜 시간 일해왔다면 이러한 일은 더욱 빈번할 수밖에 없다. 이때 내가 기억하는 그 사람에 대한 이미지의 기준이 첫인상이 되듯, 상대방 역시 나의 첫인상을 기억하고 있을 것이다. 이처럼 한번 각인된 첫인상은 오랜 시간 기억되기에 미팅에서 첫 이미지를 관리하는 것은 매우 중요한 일이다.

· 송년회 때 입을 옷을 사려고 백화점에 갔는데, 스쳐 지나가는 사람에게서 좋은 향기가 나서 나도 모르게 돌아보았다. 샴푸

냄새인가? 아님 향수? 향 하나만으로도 이렇게 사람을 기분 좋게 하다니, 나도 좋은 향기를 내는 사람이 되고 싶다.

→ 첫인상을 결정하는 데는 시각뿐 아니라 후각도 매우 중요한 요인이다. 나의 이미지와 어울리는 향수를 구비해 활용해보자.

### 형식 갖추기

이렇게 구조를 만들었다면 '첫 만남에서 보여주는 이미지의 중요성' 외에도 자신이 생각하는 또 다른 기준들에서 동일한 방법으로 구조들이 탄생할 수 있다. 가령 '미팅을 정하는 최고의 타이밍', '미팅 횟수보다는 질', '까다로운 상대 앞에서 자신감 있

무조건 성공하는 미팅 공식
1. 첫 만남에서 보여주는 이미지의 중요성
2. 미팅을 정하는 최고의 타이밍
3. 미팅 횟수보다는 질
4. 까다로운 상대 앞에서 자신감 있는 태도 유지법
5. 일대일 미팅과 다대다 미팅의 차이점
6. 미팅에서 꼭 지켜야 할 필수 매너
7. 신뢰감을 높이는 경청의 기술

는 태도 유지법', '일대일 미팅과 다대다 미팅의 차이점', '미팅에서 꼭 지켜야 할 필수 매너', '신뢰감을 높이는 경청의 기술' 등이다. 이러한 기준들이 모이면 전체 내용이 완성되며 처음 목표했던 책의 형식을 갖추게 된다.

### 무조건 성공하는 미팅 공식을 모아 책 집필하기

| 단계 | 행위 | 과정 |
|---|---|---|
| 1 | '성장욕구'라는 핵심 감정을 느낌(계기 발생) | 감정 |
| 2 | 다양한 미팅에서 느낀 감정을 떠올림 | 습작 |
| 3 | 성공 공식과 관련 있는 기억을 모음 | 패턴 |
| 4 | 모은 결과물 중 가장 적합한 것으로 내용 구성 | 구조 |
| 5 | '무조건 성공하는 미팅 공식'이라는 책 | 형식 |

핵심 감정이 구체적인 결과물로 완성되는 과정

이 과정은 책이라는 결과물을 완성하는 방식을 예로 든 것이지만, 어떤 목표를 달성하든 형식은 동일하기에 어디에든 적용할 수 있다. 유튜브를 시작하든 패션 사업을 시작하든, DIY 공방을 열든 의상 코디법을 선보이든, 어떠한 결과물도 마찬가지다.

## 지니어스 노트 작성하기

직접 세운 목표를 결과물로 완성하는 과정에서 지니어스 노트를 활용하면 큰 도움이 된다. 기본 양식은 1단계의 '감정 메모'와 동일하지만 작성할 때 반드시 기억해야 할 세 가지가 있다.

- 결과물을 항상 주시할 것
- 나의 관점과 감정을 반드시 포함시킬 것
- 지속할 것

결과물을 실제로 완성하기 위해서 항상 기억해야 할 것은 나만의 창조적 자산인 감정의 습작을 충분히 모아야 한다는 점이다. 어느 시점에서 작성해도 상관없다. 뭔가를 만들 때 돈, 재료, 시간이 부족하면 완성하기 어려운 것처럼 창의성을 발현할 때도 마찬가지다.

제목: 
목표의 구체적인 내용 + 결과물의 형식

| A. 객관적 메모 | B. 감정 메모 |
|---|---|
|  |  |

### 4~6단계를 마치며

지금까지 감정이 결과물로 완성되는 과정을 살펴보았다. 앞에서도 수차례 언급했듯, 우리 모두는 태어날 때부터 자신만의 창조적 본능을 가지고 있으며, 각자의 핵심 감정을 계기 삼아 원하는 결과물을 완성할 수 있다.

1~3단계에서 언급한 '핵심 감정이 서사가 되는 과정'과 4~6단계의 '핵심 감정이 결과물로 완성되는 과정'을 비교해보면 두 과

| 과정 | 1 | 2 | 3 | 4 | 5 |
|---|---|---|---|---|---|
| 감정 … 서사 | 감정 | 행동 | 습성 | 일화 | 서사 |
| 감정 … 결과물 | 감정 | 습작 | 패턴 | 구조 | 형식 |

정의 속성이 완벽하게 일치한다는 점을 알 수 있다.

서사가 완성되는 과정에서 우리의 감정이 다양한 행동으로 이어진다는 것은 결과물을 완성시키는 과정에서 행하는 다양한 습작과 맥락이 같다. 다양한 행동의 일관성이 습성이 되듯 습작을 통해서도 패턴을 발견할 수 있다. 습성을 통해 나의 일화가 만들어지듯, 고유한 패턴에서 구조가 생겨나 다른 사람들에게 선보일 수 있다. 일련의 과정을 거치면서 나의 서사가 완성되면 이것이 그 사람의 고유한 가치가 되며, 이것이 결과물로 탄생할 때 고유한 산물이 된다.

이제 나만의 삶에서 비롯된 감정이 계기가 되어 창의성을 발현하고, 이를 구체화함으로써 나의 결과물을 완성할 수 있다는 개념이 더욱 명확해졌다. 이 말은 저마다의 삶에 무궁무진한 창조적 자산이 숨어 있다는 뜻이기도 하다. 다양한 인생 경험에서 내가 어떤 감정을 느끼는지 자세히 들여다보고 자주 기록하고 구체화하는 법을 자주 시도한다면, 어떤 일을 하면서 어떤 삶을 살든 좀 더 쉽게 창조적인 나, 창의적인 나를 만날 수 있을 것이다.

## 7단계

## 문제를 직면하기

목표를 달성하는 과정에는 많은 에너지와 끈기가 요구된다. 극복해야 할 어려움도 숱하게 많다. 그래서 내면의 힘이 필요하다. 내면의 힘을 제대로 기르고 발휘하기 위해서는 문제가 발생했을 때 그 본질을 정확하게 파악할 수 있어야 하고, '이 상황에서 지금 어떻게 행동해야 하는가'를 빠르게 결정할 수 있어야 한다. 7단계에서는 이 방법을 알아보자.

먼저, 모든 문제에는 한 가지 특징이 있다. 어떠한 이유에서든 핵심 감정을 끝까지 유지하는 데 지장이 생겼다는 점이다. 이 특징은 다시 두 가지로 구분할 수 있다.

- 핵심 감정의 힘 자체가 부족함
- 핵심 감정의 힘이 제대로 발휘되지 못함

따라서 문제가 발생했다면 가장 먼저 할 일은 자신이 지금 둘 중 어떤 상태인지를 파악하는 것이다.

## 핵심 감정의 힘 자체가 부족한 경우

목표를 달성하고자 하는 원동력은 분명하게 존재하는데 실행 과정에서 방법을 잘 몰라서 헤매거나, 지금 나의 행동이 목표 달성에 과연 도움이 되는지 확신이 들지 않아 몸이 마음처럼 움직이지 않는 경우가 여기에 해당한다. 그러면 많은 사람들이 나의 의지가 부족한 건지, 주변 환경이나 자원에 문제가 있는지 살펴본다. 외부 요인과 별개로 문제의 본질을 들여다보면 상당수는 창조적 자산이 부족해서 발생했을 경우가 많다. 비유하자면, 아파트 생활에서 벗어나 내 손으로 직접 집을 짓고 싶은데 막상 집을 지어보니 생각보다 재료가 부족한 것이다. 재료가 부족하니 이대로 집을 지으면 어떻게 완성될지 상상이 되지 않고, 그래서 지금 당장 무엇을 해야 할지 모르겠고, 손 놓고 있는 시간이 길어질수록 내 집을 직접 짓겠다는 목표가 희미해진다.

그래서 이 문제를 극복하려면 창조적 자산을 더 많이, 다양하게 쌓아야 한다. 지식을 습득하고 많은 경험을 하는 것도 좋지만, 더 중요한 것은 그 지식과 경험을 자기 것으로 만드는 일이다. 그래야 나의 관점과 감정이 반영되기 때문이다.

### 핵심 감정의 힘이
### 제대로 발휘되지 못하는 경우

외부 요인이 방해 요소로 작용하면서 핵심 감정의 힘이 발휘되지 못하도록 가로막는 경우가 있다. 이런 상황에서 벗어나려면 '긍정의 스토리텔링'이 필요하다.

긍정의 스토리텔링이란 미래를 막연하게 좋은 방향으로 생각하는 것과는 완전히 다른 개념이다. 목표를 이룬다는 것 자체가 나에게 긍정적인 경험이기 때문이다. 소위 말하는 '막연한 낙관론'을 꿈꾸는 것이 아니라 원래 우리 안에 있는 핵심 감정의 힘을 다시 활성화시키며 노력하는 과정에서 영감을 얻고 아이디어를 떠올리는 등 실질적인 도움을 받는 것을 의미한다.

이해하기 쉽게 예를 들어보자. 나와 함께 이 책을 만든 편집자는 어린 시절부터 사회 문제에 관심이 많고 글쓰기를 좋아했지만, 처음부터 출판 일을 하고 싶어서 편집자가 된 것은 아니었다. 그런데 시간이 지날수록 책 만드는 일을 통해 우리 사회에 긍정적인 기여를 할 수 있음을 깨달았고, 이후 직업 만족도가 훨씬 높아졌다. 얼핏 보기에는 유사한 점이 없는 것 같아도 긍정의 스토리텔링을 통해 핵심 감정의 힘을 끊임없이 활성화시킬 수 있다면 목표 달성과 큰 관련이 없어 보이는 일을 할 때도 더 많은 시너지 효과를 얻을 수 있다.

이와 관련해 알아두면 좋을 두 가지 사항이 있다. 첫째, 감정은 어떠한 물리적 제약도 받지 않기 때문에 어떤 감정이든 모두 긍정의 스토리텔링으로 연결할 수 있다. 둘째, 모든 판단의 기준은 언제나 나의 생각과 느낌이다. 간절히 바라는 목표를 세우고 이를 실천하는 과정에서 긍정의 스토리텔링을 도입했을 때, 내 마음이 한결 가벼워진다면 어느 정도 진척이 있는 것이며, 아무 느낌이 없다면 아직 적절한 스토리텔링을 완성하지 못한 것이다.

지금까지 소개한 방법을 자신의 속도에 맞게 수시로 반복하다 보면 어느 순간 목표에 한 발짝 더 다가간 자신을 발견할 수 있을 것이다.

## 한 줄 소설 쓰기

7단계 워크북의 핵심은 문제가 생겼을 때 해결하는 법을 익히는 것이다. 다만, 문제가 발생한 원인이 '핵심 감정이 가진 힘 자체가 부족해서'라면 6단계로 돌아가 다시 시작하면 된다. 7단계 워크북은 '핵심 감정의 힘이 온전하게 발휘되지 못하는 경우'를 대비하는 것이다. 이 연습에 한 줄 소설 쓰기라는 이름을 붙인 이유는, 나의 인생 서사를 '긍정의 스토리텔링'으로 쉽게 표현하는 연습을 하기 위해서이다. 한 줄이라는 짧은 분량으로 표현한 이유는 문제의 본질에 가장 가까이 접근하기 위해서이지만 내용에 본질이 담겨 있으면 분량이 좀 더 많아져도 상관없다.

1. 달성하고 싶은 목표를 제목 형식으로 쓰고, 빈칸을 자유롭게 작성한다.

제목:

목표 달성을 방해하는 요인
·
·

- 
- 

2. 한 줄 소설 쓰기 (긍정의 스토리텔링)

한 줄 소설을 쓰는 동안 느낀 감정, 혹은 떠오른 생각
- 
- 
- 

3. 모두 작성한 후 직접 실천해보며 감정의 변화가 느껴지는지 점검한다.

## 8단계

# 나의 현실을
# 객관적으로 점검하기

마지막 단계에서는 목표를 달성하는 과정에서 자신의 현실을 객관적으로 점검하는 시간을 가진다. 이 장에서 소개할 '목표 달성을 위한 자기 점검 리스트'를 활용해보자. 기준은 핵심 감정이 계기가 되어 성장하고 싶은 욕구가 느껴지는 1단계로 삼는다.

나의 현실을 정확하게 파악하려면 가끔은 목표에서 잠시 물러나 나를 제삼자의 눈으로 바라볼 필요가 있다. 현재 상황을 파악하고 앞으로 어떻게 개선해나갈지 고민하는 과정에서 다음 표를 활용한다면 실질적인 도움이 될 것이다.

| 단계 | 감정 | 상태 | 현상 | 행동 |
|---|---|---|---|---|
| 7단계 | 겸허 | 평화 | 목표에서 자유로워짐 (나의 존재 가치 확인) | · 나의 소명을 깨달음<br>· 세상에 영향력을 발휘하고 인정 욕구에서 자유로워짐<br>· 결과물에 대해 보람을 느낌<br>· 나의 장점과 능력을 기반으로 세상에 기여함<br>· 권리나 이익에서 심리적으로 자유로워짐<br>· 무료해질 가능성이 있어서 자기성찰이 필요함 |
| 6단계 | 감사 | 충족 | 목표를 초월함 (나의 존재 가치 발견) | · 목표에 대한 가치관과 철학이 정립됨<br>· 주목, 관심, 존경을 받고 안정과 여유를 찾음<br>· 또 다른 목표를 추구하고 싶은 욕구를 느낌<br>· 게을러지는 것을 주의하고 지속적으로 결과물을 관리해야 함 |
| 5단계 | 기쁨 | 결실 | 목표의 가치를 확인 | · 목표에 가치가 부여됨<br>· 타인이 나의 목표에 주목하고 활발하게 교류함<br>· 나만의 기준점이 확립되면서 세상의 중심이 됨<br>· 주변에서 에너지를 받음<br>· 세상과 조화를 이루고 상생하고자 하는 노력과 관리가 필요함 |
| 4단계 | 희망 | 상승 | 목표가 주목을 받음 | · 목표의 가치가 드러남<br>· 사람들과 교류하기 시작하고 에너지를 받음<br>· 자신감이 생기고 결과물을 얻기 위해 노력함<br>· 자만심을 주의하고 체력 관리에 신경 써야 함 |

| 단계 | | | | |
|---|---|---|---|---|
| 3단계 | 낙관 | 균형 | 목표가 겉으로 드러남 | · 결과물이 세상에 드러나기 시작하면서 자기만족감과 자존감이 상승하고 기대감이 커짐<br>· 주변 사람들의 반응에 민감해짐<br>· 주변의 반응보다 나의 소신이 중요하기에 객관적 자기성찰이 필요함<br>· 컨디션 조절 및 건강 관리가 중요해짐 |
| 2단계 | 갈망 | 분투 | 성장하기 위한 집중과 노력<br>※지니어스북 활용 | · 목표 달성을 위해 실제적 행동을 함<br>· 에너지가 많이 필요하며 오랜 노력이 요구됨<br>· 긍정적인 마음가짐, 주변의 진정한 격려와 응원이 필요함<br>· 탐구력과 창의성이 발휘됨<br>· 어려운 문제가 생기면 자신을 신뢰하면서 스스로에 대한 믿음으로 극복함<br>· 객관성을 유지하면서 인정 욕구를 자제할 필요가 있음<br>· 외로운 시기이므로 자기 관리에 힘쓰면서 부정적인 환경을 멀리해야 함<br>· 이 단계가 너무 오래 지속되면 일시적으로 -2단계로 하락할 가능성이 있음 |
| 1단계<br>(시작) | 불만 | 자각 | 성장 욕구를 느낌<br>(핵심 감정을 계기로 목표가 생김) | · 현재 내가 부족한 상태임을 객관적으로 인지함<br>· 더 높은 수준으로 도달하고자 하는 성장 욕구가 느껴짐<br>· 변화의 필요성을 자각하면서 새로운 도전과 시도를 고민함<br>· 환경을 바꾸려는 의지가 생김<br>· 주변의 부정적, 비관적인 말과 시선, 방해 요소 등을 정리할 필요가 있음 |

| 단계 | | | | |
|---|---|---|---|---|
| -1단계 | 불안 | 집착 | 의지와 용기 부족 | · 성장하려는 용기와 의지가 부족함<br>· 자기방어를 위한 자기 과시가 강해짐<br>· 주변 인맥과 환경에 의존하면서 자신을 과시함<br>· 자신도 모르게 상대에게 공격성 발언을 할 수 있으니 주의가 필요함<br>· 의존하려는 마음, 잘못된 유혹 등을 조심해야 함<br>· 현재 자신의 상태와 직면하려는 용기, 관조적 자세가 필요함 |
| -2단계 | 부정 | 낙담 | 부정적, 비관적인 태도<br>매너리즘에 빠짐<br>(인생의 목표를 상실함) | · 상황을 부정하고 문제의 원인을 환경, 주변 탓으로 돌림<br>· 현재에 안주하면서 과거에 연연함<br>· 자신을 보호하기 위해 매사를 정당화, 합리화함<br>· 자신의 어려움을 호소하며 옹호하는 사람들을 곁에 둠<br>· 객관적 판단이 결여되므로 부정적 영향을 주는 사람, 환경, 상황과 거리를 두어야 함<br>· 기분 전환, 환기, 분리, 휴식 시간이 필요함 |
| -3단계 | 무기력 | 포기 | 나의 존재 가치를 인식하지 못함 | · 주체성이 결여되고 존재감을 상실함<br>· 생존 본능에 의존하는 무기력한 삶이 지속됨<br>· 매사를 극단적으로 선택할 가능성이 있음<br>· 가족, 진정한 친구, 멘토 등의 도움이 필요함<br>· 소설, 인문학, 예술 등을 활용해 치유할 수 있음<br>· 건강 관리 및 육체적 휴식이 반드시 필요함 |

목표 달성을 위한 자기점검 리스트

**나의 현실을 객관적으로 점검하기**

1. 목표를 달성하기 위해 노력하는 과정에서 자신을 돌아보는 시간을 가진다.

### 7~8단계를 마치며

모든 사람은 목표 달성을 위해 노력하는 과정에서 크고 작은 문제에 직면한다. 이때 생기는 문제는 뭔가가 잘못되었다는 증거라기보다는 새로운 시도를 하기에 발생할 수밖에 없는 필연적인 상황이라고 받아들이는 것이 좋다. 그래서 문제에 집착하며 불필요한 스트레스를 받기보다 잘 대처할 수 있는 방법을 찾는 것이 훨씬 효과적이다.

이러한 과정을 가능하게 하는 것이 바로 나의 인생 서사에서 비롯된 창조적 자산이며, 여기에 긍정의 스토리텔링이 더해지면 나의 자산이 경쟁력이자 존재 가치가 된다. 같은 문제에 직면해도 어떤 사람은 매우 유연하게 대처하고 어떤 사람은 좌절감에 시달리는 이유는, 두 사람의 내면에 자리 잡은 그의 창조적 자산의 크기와 단단함이 다르기 때문이다.

**문제에도 창조적 자산이 들어 있다**

일반적으로는 문제가 발생하면 그것을 방해 요소나 잘못된 것이라고 치부해 회피하려고 한다. 그래서 일단 문제를 없애는 방향으로 고민하게 된다. 그런데 가만히 생각해보면 문제의 근본은 목표의 핵심 가치와 같은 선상에 놓여 있다. 그래서 문제가 발생했을 때 그 본질을 이해하면 쉽게 해결할 수 있는 단서를 충분히 발견할 수 있다. 또한 문제가 발생하면 그 상황에 우리의 감정이 개입되기에 문제 해결 과정을 우리의 창조적 자산으로 삼을 수 있고, 이를 극복했을 때 얻을 수 있는 가치는 더욱 커진다.

목표를 향해 나아가는 과정은 부단한 노력과 많은 집중력을 요구한다. 그런데 여기에 문제까지 발생한다면 더욱 힘들 것이다. 하지만 어려운 순간마다 그 문제 속에 창조적 자산이 들어 있다는 사실을 반드시 기억하자. 이 사실을 잘 이해하고 문제를 해결하는 경험을 쌓아간다면 큰 자신감을 얻을 것이고, 이 경험이 우리를 더욱 단단하게 지켜줄 것이다. 이 모든 과정을 거쳐 마침내 목표를 달성하는 날, 나의 개성과 창의성이 가득 담긴 가치가 세상에 드러날 것이다.

# 나만의 감정 정원 가꾸기

인생을 살아가다 보면 우리는 몇 번씩 다양한 감정을 느끼고 여러 가지 경험을 한다. 지금까지 이것들을 무심코 지나쳤다면 지금부터는 잘 기록하고 기억해두자. 결정적인 순간에 창조적 자산이 되어 매우 유용하게 활용할 수 있다. 기록을 차곡차곡 모으다 보면 나의 감정이 궁극적으로 지향하는 것이 무엇인지도 이해할 수 있다.

이 과정을 효율적으로 실천할 수 있도록 '나만의 감정 정원 가꾸기'를 활용해보자. 여기서는 편의상 '지니어스 가든'이라고 명명하겠다.

먼저, 지니어스 가든은 수많은 지니어스 플라워로 이루어져 있다. 기본 작성법은 워크북 5단계와 같지만 목표 달성이 아닌 나의 창조적 자산을 모으기 위한 작업이니, 핵심 키워드만 기록하고 구체화 과정은 생략한다. 또한 목표, 핵심 감정, 경험을 순서대로 모두 기입할 필요 없이 셋 중 먼저 떠오르는 것부터 기록하면 된다. 가령 지난해 여행에서 체력이 약해 관광을 제대로 못했던 아쉬움을 느꼈지만 아직 구체적인 목표를 세우지 않았다면 핵심 감정과 계기만 먼저 기록하고 나중에 목표를 기입하면 된다.

목표를 먼저 작성하고 나머지를 나중에 기입해도 좋다. 순서는 현재 상황에 맞게 변경할 수 있다. 모든 꽃을 채워감으로써

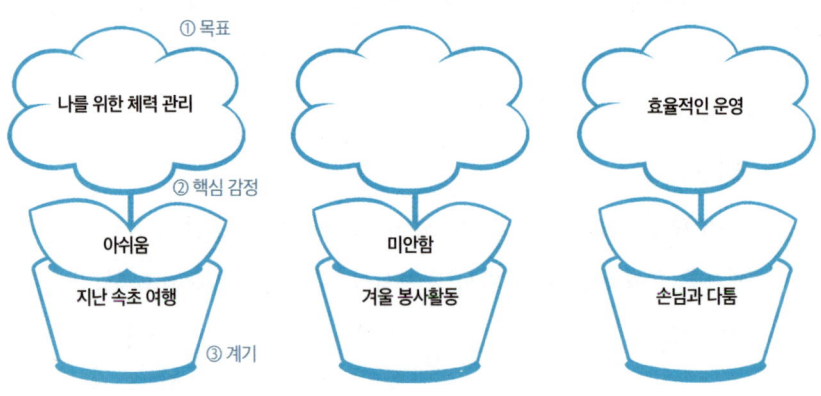

나만의 창조적 자산이 가득한 지니어스 가든을 완성해보자.

이 도안은 원하는 만큼 얼마든지 개수를 늘릴 수 있다. 이 작업을 하는 동안 문득 새로운 도전을 하고 싶거나 뭔가를 극복해야 하는 상황이 생기면, 그동안 작성한 메모를 바라보면서 도움이 될 만한 감정을 떠올린다. 이 도안은 다이어리에 끼워두거나 책상, 모니터 등에 붙여두고 활용해도 좋다.

# 지니어스 워크북을
# 먼저 활용한 사람들의 이야기

**창작자를 위한 저작권 가이드 집필하기**
'창작자를 위한 저작권 가이드'를 집필하는 것은 나의 인생 목표이다. 예술계 종사자들이 자기 창작물에 대한 권리를 제대로 보호받지 못하고 힘들어하는 사례를 여러 번 접하면서 무척 안타까웠기 때문이다. 이전에도 법률 책을 몇 권 쓴 적이 있어서 이 일이 크게 어렵지 않을 거라고 생각했는데, 막상 시작하려니 도무지 감이 잡히지 않았다.

이유를 몰라 답답해하던 차에 지니어스 북을 접하게 되었고, 비로소 문제의 원인을 알 수 있었다. 그동안 집필한 책은 법률 지식과 방법을 효율적으로 전달하는 것이었지만, 이번 책은 창작자를 돕고 그들에게 용기를 주고 싶다는 핵심 감정이 개입되었기 때문이었다. 그동안 이런 목적으로 글을 써본 경험이 없으니 고전할 수밖에 없었다.

지니어스 북을 통해 핵심 감정이 어떻게 구체적인 결과물로 완성될 수 있는지 이해한 만큼 그간의 경험과 지식을 바탕으로 제대로 실천해보려고 한다. _50대, 변호사

### 나를 위한 편식 레시피 만들기

건강 검진 결과 철분이 많이 부족하다는 진단이 나왔다. 의사는 최근 체력이 급격히 저하되었다고 느낀 게 철분 부족 때문이라며 당분간 무조건 쉴 것을 권했지만, 도저히 그럴 수 없는 상황이었다. 쉬지 못하는 대신 부족한 영양소를 음식으로 보충하자는 목표를 세우고, 평소에도 잘 활용하고 있던 지니어스 노트에 '나를 위한 편식 메뉴'를 작성하기 시작했다.

건강검진 → 취약한 신체 기능 파악 → 필요한 영양소 찾기 → 식재료 찾기 → 식단 구성 → 계절별 재료 파악과 정리 → 겨울에 구하기 힘든 재료는 미리 보관 → 싫어하는 식재료는 조리법을 바꿔 섭취 → 건강검진

이 단계를 몇 개월 실천한 후 다시 건강검진을 받으니 모든 수치가 확연히 좋아졌다. 담당 의사는 이렇게 단기간에 건강이 회복된 경우는 드물다며 의아해했다. 나의 경험을 참고삼아, 누구든지 지니어스 북을 통해 원하는 목표를 이룰 수 있으면 좋겠다. _40대 기업 대표

## 오로지 나만을 위한 작곡

나는 음악이 좋아서 예고를 졸업했지만 평소 소신대로 대학에는 진학하지 않고 곧바로 현장에서 활동을 시작해다. 그런데 사회에 나온 이후로 이상하게도 예전처럼 작곡에 온전히 몰두하지 못했다. 더 이상 음악에 집중하지 않는 스스로에게 실망도 하고 혹시 이 길이 내 길이 아닌가 하는 고민도 수없이 해보았지만, 음악을 사랑하는 마음에는 변함이 없었다.

그 와중에 지니어스 북 프로그램을 활용한 독서 모임을 알게 되었다. 모임에 지속적으로 참여하면서 저마다의 경험을 나누다 보니 참가자들에게 칭찬과 격려를 듣는 경우가 많았는데, 어느 날 내가 왜 작곡에 몰두하지 못했는지 알 수 있었다.

현장에서 음악 활동을 하다 보니 대중성 있는 음악과 내가 만들고 싶은 음악 사이에서 느껴지는 괴리감을 나 스스로 해결하지 못해 혼란스러움이 가득한 상태였던 것이다. 그날부터 '오로

지 나에게 집중하는 작곡'이라는 목표를 세웠고 이후로는 다시 예전처럼 열정적으로 음악 활동을 하고 있다. 고등학교 시절 내가 만족하는 그림을 그리면서 행복해했듯, 나의 핵심 감정은 그 누구보다 나 자신이 만족하는 예술 활동을 하는 것이라는 점을 이제는 안다. _20대, 뮤지션

### 일상에서 채우는 연기자의 자질

유명하지 않은 배우의 하루는 버팀과 기다림의 연속이다. 언제 오디션 기회가 잡힐지 모르니 정규직으로 취업을 할 수 없어서 파트타임으로 필라테스 강사 아르바이트를 하며 생계를 유지할 수밖에 없는 것이 무명 연기자의 삶이기도 하다.

한없이 기다리는 동안 나를 위해 할 수 있는 것을 찾다가 지니어스 북 프로그램을 접하고 나만의 창조적 자산이라는 개념을 이해하게 되었다. 일하면서 별의별 다양한 회원을 만나다 보니 그들의 성격이나 매너에 따라 나의 감정도 수시로 왔다 갔다 하는 경우가 많은데, 이런 것들을 나의 창조적 자산으로 활용할 수 있겠다는 생각이 들었다. 평소 만나는 사람들의 말투나 행동을 기억해두었다가 연기를 할 때 참고하겠다는 목표를 가지고 지니어스 노트에 정리도 하고 있다. 다음 오디션에서는 나의 역량을 최대한 발휘할 수 있도록 최선을 다해보려 한다. _30대 배우

**나의 경쟁력은 커뮤니티업**

학창 시절에 나는 항상 비주류라고 생각했다. 모임에서 주도적인 역할을 하는 친구들을 볼 때면 늘 부러웠다. 어느 날, 교회에서 주최하는 어느 모임에서 우연히 사회를 맡았는데 나의 말 한마디에 사람들이 집중하는 것을 경험한 후로 내가 마치 주류가 된 듯한 희열감을 느낄 수 있었다.

이후 나의 감정을 충족시킬 수 있는 곳을 찾다가 한 문화재단에서 꾸준히 행사 진행을 맡게 되었으며, 얼마 전부터는 유튜브 채널까지 개설해 운영하고 있다. 전공을 살려 디지털 자산기부 연구회 모임을 이끌기도 했는데, 이 모든 시간은 어떠한 이익과 상관없이 그저 내가 좋아서 한 일이기에 어떤 사람들은 쓸데없는 일을 하느라 시간을 낭비한다고 말하기도 했다.

그런데 이 책에서 설명하는 핵심 감정이라는 관점으로 나의 삶을 돌아보니 그동안 했던 모든 행동은 나의 창조적 자산을 모으는 과정이었음을 알 수 있었다.

나는 최근 창업 대학원의 교수로 이직하게 되었다. 나의 핵심 감정을 통해 쌓아온 창조적 자산으로 창업을 준비하는 이들에게 가장 필요한 것 중 하나인 커뮤니티 구축을 더 잘할 수 있으리라 기대한다.

앞으로도 지니어스 북을 잘 활용해, 내가 만나게 될 학생들에게 실질적인 도움을 줄 수 있도록 노력할 것이다. 그 과정에서 나의 경쟁력도 자연스레 쌓일 거라고 믿는다. _50대 대학교수

## 〈런~! 코인맨 시리즈〉가 탄생하기까지

'미술관도 영화관처럼 누구에게나 익숙한 곳이 될 수는 없을까?'

작가로 활동하면서 전시회를 거듭하다 보니 한 가지 답답한 점이 생겼다. 미술관의 전시 문화가 일부 사람들에게만 익숙하다는 현실이었다. 사실 대다수 미술관과 전시 공간은 누구나 자유롭게 관람할 수 있도록 오픈되어 있지만 낯선 분위기 때문인지 편하게 들어서지 못한다는 생각이 들었다. 그래서 어떻게 하면 대중이 적극적으로 작품을 관람할 수 있을까 하는 점은 한동안 나에게 중요한 고민이었다. 영화관에서 포스터를 구경하거나 친근한 만화 캐릭터를 보듯 미술 작품에도 누구나 쉽게 관심과 흥미를 가질 수 있으면 좋겠다는 바람이 컸다.

그러다 하루는 가게에서 거스름돈으로 동전을 받았다. 그때 문득 '발도 없는 동전이 사람들을 통해 여행을 하고 있네?'라는 생각이 들면서 흥미가 느껴졌다. 그리고 나서 얼마 후 외국 동전을 보니 마치 해외 유학생 같다는 느낌도 들었다. 주민센터 접수대에 놓인 동전 기부함을 보고 이 동전은 세상을 위해 유의미한

일을 하겠다는 상상도 해보았다. 이상하리만치 동전만 보면 온갖 재미있는 아이디어가 떠올랐고, 그러다 보니 이것을 작품으로 만들면 관객들도 나처럼 즐거워하겠다는 확신이 들었다. 그래서 구상한 것이 광화문에서 출발해 전 세계의 랜드마크로 달려가는 동전을 다양한 캐릭터로 만드는 프로젝트였고, 그 결과가 바로 〈런~! 코인맨 시리즈〉이다.

작품을 모두 관람하고 나면 마지막에는 자기가 가진 동전을 직접 코인맨 기부 박스에 넣게 해서 체험 기회를 제공했다. 전시장에서 느낀 감정을 오래 기억하게 하려는 의도였다.

감사하게도 이 코인맨 시리즈는 당시 대중적인 테마로 전시 기획을 시도했던 서울시립미술관의 초청을 받았는데, 전시 기간 동안 서울시립미술관 일일 최다 관객 수를 두 번이나 갱신하기도 했다. '미술관도 영화관 같은 친숙한 공간이 되면 좋겠다'라는 나의 핵심 감정이 결정적 계기가 되어 코인맨 아이디어 수집 → 패턴화 → 구조화 → 결과물 완성으로 이어질 수 있었다. 서울시립미술관 역시 나와 같은 의도를 가지고 있었기에 시너지 효과를 내면서 전시회가 더욱 성공할 수 있었다고 생각한다.

〈런~! 코인맨〉, 서울시립미술관, 2011년

**에필로그**

# 지금 우리에게 가장 필요한 경쟁력

 글을 쓰는 동안 이 책의 용도가 과연 무엇일까 생각했다. 오랜 고민 끝에 한마디로 내린 정의는 '각자의 고유한 가치가 세상에 빛을 발휘할 수 있도록 도와주는 도구'였다. 그래서 책을 준비하면서 가장 중요하게 고려한 것은 누구든 쉽게 활용할 수 있어야 한다는 부분이었다. 지인들은 물론이고 책을 쓰는 동안 만났던 많은 이들에게 이 책의 내용과 워크북을 직접 체험해보게 하면서 효율성을 높이고 부족한 점들을 보완했다.

 감사하게도 이 프로그램을 처음 접한 사람들은 생소하면서도 흥미롭다는 피드백을 들려주었다. 살면서 지금까지 받았던 주입식 교육, 등수 매기기, 성과 중심의 경쟁 등 익숙한 방식과 완전히 정반대되는 메시지여서 더욱 새롭게 와닿는다는 의견도 많았다.

지니어스 워크북을 함께하는 사람들이 점점 많아지면서 흥미로운 사실을 발견했다. 처음에는 당연히 젊은 세대에게 익숙할 줄 알았는데 막상 해보니 실상은 정반대였다. 오히려 연령대가 높은 층에서 두각을 드러내는 경우가 많았다. 삶의 경험과 이력이 훨씬 많은 만큼 내면의 창조적 자산 또한 풍부했기 때문이다. 이런 자산을 그동안 발휘하지 못했던 이유는 오랜 시간 세상의 규칙과 조직의 질서를 따르는 과정에서 자신의 감정에 충실할 수 없었던 탓이다. 지니어스 워크북을 통해 감정을 활성화하는 방법을 익히고 핵심 감정에 접근하는 법에 익숙해지니 수많은 창의적 생각들이 그야말로 봇물 터지듯 쏟아져 나왔다.

젊은 세대의 장점은 인생 경험은 많지 않지만 자신의 생각, 감정, 아이디어를 거침없이 드러낼 수 있다는 것이다. 이 시기에만 할 수 있는 참신한 생각도 현장에서 많이 들을 수 있었다. 그러니 나이, 직업, 사회생활 경험 같은 객관적인 조건에 얽매여 미리 위축되거나 겁먹을 필요는 없다. 자신의 핵심 감정과 창조적 자산을 발견하는 일은 어떤 외부 조건과 상관없이 누구나 할 수 있는 일이다.

**에필로그**

## 나만의 감정을 선명하게 발휘하는 것이 가장 큰 경쟁력이 되는 시대가 온다

우리나라는 전쟁의 폐해를 전 세계에서 가장 빠르게 극복하고 눈부신 발전을 이룬 국가다. 나는 이 사실이 매우 자랑스럽다. 그 대신 이 과정에서 예술, 인문학, 철학 등 인류의 근간을 이루는 가치를 잘 발전시키고 활용하는 여건을 제대로 마련하지 못한 것도 사실이다. 예술가인 나의 입장에서는 활동 무대가 한정되어 있는 환경이 아쉽기도 한데, 일정 부분은 나 역시 더욱 노력해야 한다고 생각한다. 기술과 IT에 이어 이러한 분야에서도 세계적인 경쟁력을 갖출 수 있다면, 우리나라가 다양한 문화적 가치까지 보유한 국가로 거듭날 수 있으리라 믿어 의심치 않는다.

인문학에 더욱 관심을 가져야 하는 또 다른 이유가 있다. AI 시대가 본격적으로 시작되었기 때문이다. AI 시대가 시작되었다는 말은 인간만 가진 감정의 가치가 더욱 중요해지는 시대가 도래했다는 의미이기도 하다.

AI 시대를 언급할 때 가장 먼저 제기하는 우려는 인간의 가치와 인간성이 상실될 수 있다는 걱정이다. 미술계도 예외는 아니어서 AI가 그린 그림이 해외 옥션에서 고가에 낙찰되어 작가들의 자리를 위협하기도 한다.

그런데 돌이켜보면 이런 우려는 산업혁명 시대에도 있었다. 노동자들 사이에서 기계를 파괴하자는 러다이트운동Luddite Movement이 일어나기도 했지만, 결과적으로는 제조업의 많은 부분이 자동화되면서 상대적으로 서비스업과 문화예술 산업이 크게 발전했다. 미술계도 예외는 아니었다. 처음 사진술이 등장했을 때는 화가들이 직업을 잃을 것이라며 걱정했지만, 얼마 지나지 않아 추상화와 비구상적 그림들이 인기를 끌면서 오히려 미술계가 크게 진일보하는 결과를 가져왔다.

AI 시대가 본격적으로 펼쳐지면 개개인이 느끼는 감정의 가치와 그 서사에 담긴 다양한 창조적 자산들이 본격적으로 주목받을 것이다. 무인 자동차, 챗GPT, 미드저니 같은 생성형 AI 서비스는 이미 널리 활용되고 있고 '1인 1로봇 시대'라는 개념까지 등장했다. 이러한 제품들의 기능을 더욱 업그레이드하는 데 필요한 것이 단지 기술뿐일까? 환자와 노인을 보살피고 아이의 안전을 책임지는 등 '휴먼 터치'가 요구되는 분야에서는 오히려 보다 섬세하고 디테일한 인간의 핵심 감정이 요구될 것이다. 급식실 요리 로봇의 성능도 당연히 중요하겠지만, 로봇의 레시피와 행동 데이터가 아이를 사랑하는 엄마의 서사에서 비롯된다면 다른 로봇보다 더욱 경쟁력을 가질 수 있지 않을까.

**에필로그**

AI 시대를 선호하든 그렇지 않든, 세상은 점점 빠르게 변화하고 있다. 그러니 나의 감정에 내재되어 있는 잠재력을 하루빨리 파악하고 나만의 경쟁력으로 활용하기 위해 감정의 속성을 이해하는 노력은 매우 유의미하다. 우리 모두에게 존재하는 소중한 감정이 창의성의 결과물이 될 수 있도록 방법을 알려주고 환경을 조성하는 일은 다음 세대에게 물려줄 더없이 소중한 자산이 될 것이다. 이 책이 이러한 역할을 조금이라도 할 수 있다면 저자로서 매우 큰 보람일 것이다.

세상에 존재하는 모든 산물은 형식적인 도구일 뿐이다. 모든 물건, 모든 브랜드, 모든 서비스, 모든 시스템은 우리 눈에 보이지 않는 다양한 감정을 반영해 문제를 해결하고 의사를 표현할 뿐이다. 결국 가장 중요한 것은 감정을 느끼는 순간, 그 대상을 통해 투영되는 나의 진짜 모습, 진짜 감정을 읽어내는 일이다. 이러한 사실을 알고 살면서 경험하는 모든 순간을 섬세하게 포착할 수 있다면, 어느 순간 자연스럽게 나만의 창의성이 가장 강력한 모습으로 발현될 것이다.

우리는 세상에서 가장 소중한 존재다. 나의 감정이 소중하고, 그 감정에서 비롯된 생각이 소중하고, 그 생각을 기반으로 만들어진 관점, 가치관, 아이디어 하나하나가 모두 소중하다. 내 안에서 자연스레 뿜어져 나오는 이 모든 것의 가치를 알고 세상과 진정으로 소통한다면 인생의 매 순간이 행복할 것이다. 단순히 일상에서 창의성을 드러내는 수준을 넘어 나라는 존재가 살아 있음을 매일 확신할 수 있다면, 이러한 삶이야말로 축복이 아닐까. 이 책을 읽는 모두가 축복 같은 하루하루를 보내기를 진심으로 바란다.

이 책을 완성하기까지 많은 분들이 도움을 주셨다. 책의 주제와 콘셉트를 논의하던 날 곧바로 출판을 결정해주신 세종서적, 이 책에 수록한 내용을 몸소 실행해가면서 완성도를 높이는 데 사력을 다해주신 이다희 편집자, 최초의 발상 순간부터 결과물을 완성하기까지 수많은 참가자들과 함께하며 고민하고 연구해주신 김서진 대표, 내용 검증에 도움을 주신 ㈜마인드코드의 심리학 전문가 유상원, 맹세호 박사께 존경과 감사를 표한다. 예술가로서 나의 꿈을 항상 응원해주시는 ㈜스페이스알파, ㈜삼원삼십삼일 가족들과 함께할 수 있어서 행복하다.

## 지니어스북

**초판 1쇄 인쇄** 2025년 7월 25일
**초판 1쇄 발행** 2025년 7월 30일

**지은이** 김일동

**펴낸이** 오세인 | **펴낸곳** 세종서적㈜
**국장** 주지현

**기획** 김서진·정소연
**편집** 이다희 | **표지디자인** this_cover | **본문디자인** 김진희
**마케팅** 조소영 | **경영지원** 홍성우
**인쇄** 천광인쇄 | **종이** 화인페이퍼

**출판등록** 1992년 3월 4일 제4-172호
**주소**　　서울시 광진구 천호대로132길 15, 세종 SMS 빌딩 3층
**전화**　　(02)775-7012 | 마케팅 (02)775-7011 | 팩스 (02)319-9014
**홈페이지**　www.sejongbooks.co.kr | 네이버 포스트 post.naver.com/sejongbooks
**페이스북**　www.facebook.com/sejongbooks | 원고 모집 sejong.edit@gmail.com

**ISBN** 978-89-8407-873-4　　03190

· 잘못 만들어진 책은 바꾸어드립니다.
· 값은 뒤표지에 있습니다.